SPIRITUAL COMMONSENSE

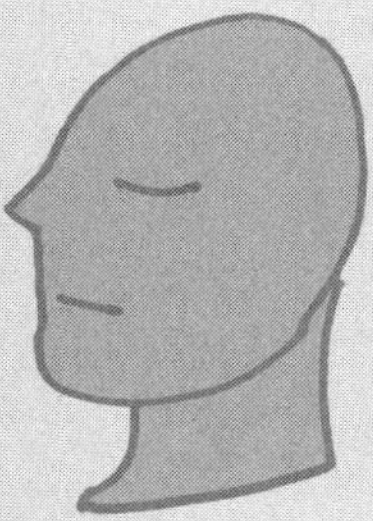

地球を救う霊的常識 1

桑原啓善 話

まえがき

　これは一九九二年一月から始まった「生命《いのち》の樹《き》」リーダー研究会における桑原啓善氏の談話の要旨を私（熊谷えり子）が書き留めたものです。リーダー研究会というのは、でくのぼう革命（地球を愛の惑星に変える地球革命）を進めている〈生命の樹〉のサークルリーダーなどを対象にした、研鑽のための学習会です。毎月一回桑原氏を囲んで行われていました。

　研究会ではテキストとして浅野和三郎抄訳の『霊訓』（ステイントン・モーゼス著、潮文社刊）を輪読していますが、これはテキストというより、むしろ単なるたたき台であって、桑原氏の談話はその折々に語られた言葉です。しかしその内容はスピリチュアリズムの基本的なものからスピリチュアリズムを越えた深大な問題にまで及んでいます。ですからこれをお読みになると、スピリチュアリズムに立脚した正しい霊の知識を持つことが出来ると共に、なぜいまでくのぼう革命なのか、ということがお分かりになると思います。オカルティズムによる興味本位の危険な霊知識が氾濫している今こそ、正しい霊を見る目が必要な時はありません。結局心霊科学が発生したのは現在進められているでくのぼう革命のためなのだということが、本書をお読みの方には必ずお分かり頂けるものと思います。

筆録者　熊谷えり子

〈追記〉

本書は「でくのぼう講義」（1）（2）（3）として出版されたが、売り切れとなり絶版の状態でした。その後、本書は正常な霊的知識（スピリチュアル・コモンセンス）を学ぶ上で好適だからぜひ再刊して欲しいという要望がつづいたので、新しい表題『地球を救う霊的常識』のもとに編集し直して出版することにしました。ちなみに次のように編集し直してあります。

『地球を救う霊的常識』（1）

『でくのぼう講義』（1）と（2）の合本。一九九二年一月〜六月までの講義。

『地球を救う霊的常識』（2）

『でくのぼう講義』（3）と月刊「生命の樹」（平成五年七月号、九月号に所載の文）を合本とする。一九九二年七月～九月、及び一九九三年五月の講義。

なお、一九九二年十月～一九九三年四月までの講義、及び一九九三年六月以降の講義はまだテープおこしが出来ていないので収録してありません。

編集室より

新装版の出版にあたって

本書は、長らく品切れ状態となっていた一九九五年出版の『地球を救う霊的常識』の新装版です。本書の再刊を望む声は多く、当時よりさらに地球環境も人類社会も危機的状況となった現在こそ、本書は必要であると判断し、再刊することにいたしました。

本書は桑原啓善氏が30年以上前に講義した内容の要旨です。現在では使われていない表現や異なる知見もありますが、大意は何ら変わらないので、著者を尊重して原文のままにいたしました。必要に応じて、編集の（注）を本文中には（編注）で、長文の（注）は各項目の最後に（編注1）のように記しました。

本書『霊的常識』は、桑原啓善氏が近代心霊研究の正統な流れを継承し、さらに進展させて理論体系化したネオ・スピリチュアリズムによるものです。これは日本古来の生命一元論（ワンネス）に立脚した、不滅の霊である人間の新しい生き方を示すものです。すなわち一段進化した人間の生き方――自己中心ではなく利他（愛と奉仕）の生き方を説くもので、現在の常識的生き方とは正反対、１８０度異なります。けれども、その主旨は一貫しており、すなわち「真理は単純」なのです。本書を理性の目でお読みになればどなたにでも、この人間の生き方がお分かりになると信じます。

二〇二五年一月一日

（筆録者　熊谷えり子）

目次

地球を救う霊的常識1
SPIRITUAL COMMONSENSE

第一章

第二章

第三章

第六章

第1章

SPIRITUAL COMMONSENSE

地球を救う霊的常識1

テキスト『霊訓』からの引用

新時代の黎明――格別の努力が、今や真理の普及に向つて払はれつゝある。が、一方に神の使徒達の努力が加はると同時に、今も昔と同じく、他方に於てこれに反抗する魔群がある。世界の歴史は畢竟《ひっきょう》、善と悪との抗争の物語である。

（十五頁より引用）

モーゼスの経歴から

モーゼスは五十三歳で亡くなっているので、今日からみるとかなり早世です。しかも五十代はずっと病床にありましたから、四十代までが活動の時代でした。しかしモーゼスはロンドン神霊主義者協会を中心になって組織し会長を務めたり、英国心霊協会（ＳＰＲ）の創立メンバーになったりして、初期スピリチュアリズム運動のリーダーだったのです。

そのモーゼスの最も偉大な功績が『霊訓』という霊界通信を残したことなのです。これは人類史上における最大の功績ともいうべきもので、シルバー・バーチの霊言などと並ぶ現代のバイブルといえましょう。

モーゼスは、経歴をみればわかるように、大変な秀才でした。この点がまた『霊訓』という高級な霊界通信を受信する上で、必要な条件でもあったのです。すぐれた霊媒というのは、いろんな条件がありますが、『霊訓』のように内容が哲学的な意味をもった高級な通信を伝えるには、魂が清らかな上にどうしても知的であるというセンスが必要なのです。この点モーゼスは、まさにうってつけの条件を持っていたと言えましょう。

モーゼスの病気は使命によるもの

モーゼスは生涯の中で、病気を何度もしていますが、特に二度の大病によって大きく人生の道が変えられています。その二度に亘る大病が、実は『霊訓』の霊団によるものだったのです。一度目は、オックスフォード大学の卒業試験の前日に突然になった病気で、このためモーゼスは試験が受けられず、一年間を棒に振るはめになったのです。しかしその一年間は後年の『霊訓』の大霊媒になるためにはなくてはならぬ大事な霊的修養の期間であったのです。又もう一度は、愛と献身に生きた牧師時代に喉を病み説教が出来なくなり、牧師という職業をやめなければならなくなったことです。この時喉の病気にならなければ、モーゼスは生涯牧師を務め、霊媒となることもスピリチュアリストになることもなかったでしょう。このように、モーゼスには『霊訓』の大霊媒になるという大使命があったので、善霊であるインペレーターによって病気にさせられたのです。

「シルバー・バーチ」の場合、受信霊媒M・バーバネルは病気にこそさせられませんでしたが、やはり生まれる前から目をつけられ、バーチによって霊媒になるよう育てあげられていきます。モーゼスの場合もそれと同じで、インペレーターに目をつけられて霊媒に仕立てあげるべく病気にまでさせられるのですが、この病気が実は彼の道を開いていくことになるのです。

だから、人生で逆境になったとか病気になったからといって嘆くことはないのです。それが偉大な使命をひらく大きな転機になるかもしれません。人は魂には自分の使命が刻まれていますが、肉体の脳には刻まれていないので、試練とか逆境によって初めて気づくことが出来るのです。だから逆境を嘆くことなく、乗り越えていけば思わぬ転機が出てくるのです。

また、大使命のないような人でも、どんな人にも一生涯で解決したいカルマを持って生まれてきます。その解決をするきっかけは苦難から起こってきて、それが突破口になって目覚めがおこり、カルマを解決していくことになります。だから、どんな人にとっても苦難がある時が、その人の魂の飛躍の時なのです。すべて苦難は進歩のステップ台、これが真実ですから、魂のヒーリングをする場合にもこれを瞬時も忘れてはなりません。これを誤って教えてきたのがこれまでの低級な宗教です。これらは苦難は天罰だとか悪いことだとかいって人々を迷わせてきました。しかしそうではなくて苦難は進歩のステップであるという真実を、

S・モーゼスの病気がとてもよい実例として示してくれています。

モーゼスの霊能の変遷

モーゼスはさまざまな霊能力を発揮しますが、その霊能の内容が時代によって変遷しています。まず彼が牧師をやめスピーア博士の家に家庭教師として住み込むようになり、心霊実験会に出るようになると、物理的な霊能がでてきます。大小のラップ音現象、種々の光の発生する現象、香りのでてくる現象、音楽がきこえてくる現象、物品引き寄せ現象、直接書記現象、直接談話現象などがさかんに起こってきます。なぜ物理的心霊現象がまず起こったのかというと、モーゼスはずっと牧師をやっていたので、いくら心霊実験会に出席しても、なかなか霊魂の存在が信じられなかったのです。そこでモーゼス自身が現象をおこすことで、それも目に見えたり五感に触れられる物理的現象を起こすことで霊魂の存在を自覚させるために、背後の霊が物理現象を起こさせたのです。これによってモーゼスは、霊魂の存在を確信していったのです。

確信したので次に、自動書記現象が起こってきました。インペレーターは、モーゼスに霊魂の存在を認めさせた上で、彼を使って初めて通信を送ってきたのです。なぜ自動書記で送ってきたのかというと、モーゼスの頭にこびりついているキリスト教の教義をとるにはこれがいちばんよかったからなのです。キリスト教の教えとインペレーターの教えの違いをモーゼスが質問し、それにインペレーターが答えるという問答をくり返し行うことによってモーゼスはキリスト教の教義を全部捨てていき、きれいに白紙に返っていったのです。

このように自動書記現象が起こったのも、やはり背後の指導によるものでした。ですから霊能というものは、霊媒体質だからどんどん起こるというものではないのです。もちろん霊媒体質が必要なのですが、背後の指導霊が舵取りをしながら必要に応じて霊能力を発揮させていくというものなのです。

七年間自動書記現象があり、『霊訓』を受信していきますが、この次に起こったのは霊言現象です。キリスト教の教義はすでにキレイになくなっているので、とらわれることなく受信した通り、口ですらすら霊示を伝えることが出来るようになっていたのです。

晩年はその霊言もしなくなって、直覚で全部入ってくるようになりました。ふつう霊媒というのは、トランス状態か半トランス状態で霊示を受けとりますが、インペレーターは、そういう霊媒は二流で、一流の霊媒とはほとんど通常意識で必要な霊示を受けとるものだ、そうならないとだめだとモーゼスを指導しています。普通の人が通常意識で受けとると、ほとんど潜在意識ばかりが出てきますが、モーゼスは晩年に至り、通常意識の状態でどんどん霊示を受けとることが出来るようになったのです。

モーゼスの霊能の変遷をみていくとわかるように、よい霊能者というのは、霊媒体質があるから霊能がでてくるとは限らないのです。背後で舵取りをするよい指導霊がいて、その時その時に応じて必要な霊能を与えてくれるものなのです。そしてこれが正しい霊能の発揮の仕方なのです。ですから本物の霊能の発揮の仕方は、必ず背後にすぐれた指導霊がいて、その人に必要な形の霊能を与えてくれるのです。これをよく知っておいて下さい。

モーゼスの自動書記受信の工夫

モーゼスは自動書記で受信するにあたり、潜在意識を混入させないように、さまざまな努力を払っています。これはとても重要なところです。モーゼスは自動書記に全く頭を向けないようにするために、わざと難解な書物を読み、読みながら考えたり推理したりしました。このようなことは普通の自動書記霊媒には出来ないことです。普通の場合は、ほとんど、或いは半分位無心状態で手の動きにまかせておくものです。ところがモーゼスは本を読みながら本のことを考えるよう頭を集中していたわけで、それでも手は勝手に動いて自分の知らないことを書いていったのです。余程能力がないと出来ないことです。このように大変な努力を払ってモーゼスは潜在意識を混ぜない方法をとっていったのです。だから『霊訓』がいかに純粋に近い通信であるかということがいえるのです。

霊能力（者）讃美は危険

「私には、此等《これら》の書きものに対して、何等の命令権もなかった。」とモーゼスは言っていますが、このようにいくら霊能者だからといって、自分で勝手に現象を起こそうとしても、必ずしも起こらないものなのです。現象とは背後に指導霊がいて、その指導霊が起こさせるものです。だから絶対よい指導霊がついていないとダメなのです。もしインチキな低級霊がついて現象を起こさせていると、のべつまくなしに現象を起こしたりして本人を悪い方へ引っぱっていってしまいます。このことが非常に重要な点なのですが、今一般の世の中では全然わかっておらず、ただ霊能者をチヤホヤ讃美する風潮があります。ところが現実にはチャネラーとか霊能者の中には大変いいかげんな霊が働いている場合が多いのです。本人がゆくゆくはダメになるし世の中にもつまらぬ霊示を伝えて悪影響を及ぼします。だから霊能者の後ろにはいい霊が働かないと絶対だめなのだという心霊法則が早く常識にならないと、ただ現象がもてはやされ大変危険なのです。

　現象があったからといって、それがたとえ本物だとしても決してちやほやしてはいけません。ほめたりすると本人が天狗になって、それで我《が》がちょっとでも出たら、その瞬間から背後が変わってしまいます。これはみごとなもので、波長の法則ですから、テレビのダイヤルを切り換えるのと全く同じことです。そうなると、始めのうちは前のと似た霊示を伝えながら、後にはどんどん悪い方へひっぱっていってしまうのです。こういう霊能者は非常に多いのです。だから現象をチヤホヤすることは厳に慎まなければならないことで、スピリチュアリズムの法則をよく学んだ上で、初めてそういう霊能的な現象をとり扱ったり、触れたりしなければいけないのです。

『現代はいかなる時か？』

「現代」と言っているのは、この通信があった時代（一八七三〜一八八〇）ですから、今から百十年位前、十九世紀末のことです。「新時代の黎明」とあるように、善悪の闘いは人類の歴史と共にあるのですが、この時代にはもうハルマゲドンに向かっての激しいものが起こっていたのです。そのためにインペレーターの四十九人の霊団は出てきたのです。その使命とは、イエスの霊的再臨の前触れ役、つまりイエスの霊的再臨の前に少しは聞く耳をもつ人がでてくるように、この『霊訓』の霊示を伝えながら人々の関心を霊的なものに向けていこうということです。そして間接的ではありますが、イエスの霊示をエリヤを通じながらインペレーターが受けとって、それを伝えているのです。

イエスは更に『霊訓』の後を継いで『シルバー・バーチ』を通じて、もっとはっきりしたスピリチュアリズムというかたちで通信を送ってきています。そしてイエスは霊的再臨をして、サタン改悛という二千年来の大事業をやり遂げました。それは愛による改悛です。だからその愛を人間にも行いなさいと言って、人間に愛の道を説いているのです。愛の道を知るためには「人は神」であることを知らなければならないわけで、その「人は神」を教えてくれるのは、今のところ〈生命の樹〉だけだということなのです。

シルバー・バーチとホワイト・イーグルの相違について

バーチとイーグルは、本質的には同じことを、それぞれ別の角度から説いています。全く同じことを言うだけならば、一人が言えばいいわけですが、必要があるから角度を変えて説いているのです。バーチは理性的に訴えていきますが、イーグルは神秘主義のいろんな法則を説きながら教えを説いています。しかし両者共同じこと、愛と奉仕で生きなさいとしか言っていないのです。そして人間とは神の子、神の分霊だと教えています。

両者の相違は、つまりは二人の長い重ねてきた人生――再生による個性の違い、その果たしてきた使命の違いというところからきています。個性が違えば、同じ愛というものを考えるにも考える角度が違うわけです。その違う個性を通して説いていますから、それぞれの個性に合った人が聞いていき、そうやって色々な聞く耳を持つ人に伝えていくのです。

シルバー・バーチとホワイト・イーグルに欠落していたもの

人間というものは一つの使命しか果たせないもので、バーチにしてもイーグルにしても、霊的な働きについては全く説いておらず、私たちからみればそれは大変大きな欠落とも言えます。この霊的な、憑依だとか除霊だとかいう事は、日本で説くべき使命があるのです。だからバーチやイーグルのスピリチュアリズムはまだそれだけでは未完成であって、いくら理性で判断しなさいとか瞑想をやればいいと言っても、それだけではわかるものではなく、どうしても霊魂の働きをしらないと、合理的に確実にはわからないのです。それはやはり〈生命の樹〉でないと出来ないのです。ここに至って、はじめて宇宙根源の神からでた教えを伝えようとしたメルキゼデクの悲願が完成するのです。ですから日本の役割――現在は〈生命の樹〉に課せられた役割は非常に大きいのです。

「善と悪との抗争」

人類の歴史が善悪抗争の物語であるとか、「魔群」が存在するとかは、日本人にはなかなか受け入れ難いことかもしれません。〈生命の樹〉で陰の政府がいるなどというと嫌悪する人が少なくないのですが、そうではないのです。歴史が善悪の闘いであることは日本人や仏教徒以外、世界人類の約三分の二の人々はあたり前と思っています。陰の政府など実にあり得ることで、現実にあることで、もう目の前に迫っていることなのです。

人類史が善悪闘争の物語であるのは地球がレベルの低い星だからです。今最高潮に達した善悪の闘いで、善が勝てば初めて地球のレベルアップが可能になり、万が一悪が勝てば、地球は破滅します。レベルアップすれば、ランクがあがり善悪の闘争はなくなっていきます。

善が勝つとは、悪をやっつけて勝つということでは全然ありません。悪を愛することによってはじめて善が勝つのですから、そこのところを間違えないで下さい。これはとても難しいことで、悪を愛するとは、悪をやることだと思ったら大間違いで、悪を行ったら悪が勝ってしまいます。それは正しくは悪人を愛することなのです。まさにそのクライマックスがサタン改悛の事業です。これは善が愛によって、善が悪を愛することによって、悪を改悛させて、善が勝っていくことなのです。イエスはもう天界でやってしまいましたが、これから我々が地上でやる仕事です。だからこのような時に悪は存在しないと言って悪を見ないようにしている者は、はっきり言うとサタンに組する者です。

「道に反《そむ》く者、心の弱き者、定見なき者 又単なる好奇心で動く者は、禍《わざわい》なる哉《かな》」

この前の文章で、この世は善悪の闘いであるが、善が悪に勝つことによってはじめて地球の進化が行われる、その真理を教えるために、要するに善が勝つためにスピリチュアリズムなどの心霊知識が、今普及してきていると説いています。だからこの「道に反く者、云々」とは、そのような霊的真理に対して、こういう態度を示す者は世を害する者だと言っているのです。

「道に反く者」とは、霊的真理を聞いても聞く耳を持たず道に背く、つまりエゴイズムのライフスタイルをとっている人達のことです。「心の弱き者」とは、ほんわか愛の人です。ほんわか愛で満足し、それが愛だと思っている人達です。これは心弱き者です。決死の愛でないと悪には勝てない、サタンの改悛は出来ないのです。こういう人達が今非常に多いのです。まっ黒な悪想念流におおわれた地球が、ただニコニコするくらいで消えるわけがないのです。消せなければ地球はダメになるのです。消すには決死の愛でないとだめなのです。私は実に、君たちはアトランティスを忘れたのかと言いたいのです。「定見なき者」とは、道を聞いても愛と奉仕でいいのか、エゴイズムがいいのか迷っている人です。こういう人も実に多いです。「単なる好奇心で動く者」とは、心霊マニアです。心霊知識が流行ったとなると沢山本を買いこんで、いろいろなセミナーに顔を出して、好奇心で動いている人です。こういう人達は、心霊によって世の中を滅ぼす者といえます。

こういうわけで、世を救うために今心霊知識が流行っているのですが、聞く耳を持たぬ者、心弱き者、わけの分からぬ者、好奇心で動く者は禍いなるかな、地球を滅ぼすものであるというのです。

このように、今、善と悪の闘いはクライマックスにさしかかりました。この『霊訓』の時代から百十年たち、いよいよ最後の段階に来ています。しかし、いまだ人類は目を覚ましていません。だから我々は今、早く人々の目を覚まさせる仕事をやっているのです。

第2章

SPIRITUAL COMMONSENSE

地球を救う霊的常識1

テキスト『霊訓』からの引用

新たなる啓示が出現した時には、先づ以て、旧《ふる》い啓示の上に築き上げられた迷信の大部分を掃蕩《そうとう》するの必要に迫られる。先づ以て破壊した後でなければ、新しき真理の建設が不可能といふことになる。

（十九〜二十頁より引用）

進歩の二大法則

「問『いかにして真理を掴《つか》むか。』」の項は大変短いですが、目覚めの法則、つまり進歩の条件を言っています。一つは「真に求めること」、その次が「テストに合格すること」。この二つが真理を得る二大条件だと言っています。「真に求める」とは本当に心から真理を求めること、つまりイエスの言った有名な言葉「求めよ、さらば与えられん」と同じことです。逆に言うと、求めなければ絶対真理は得られない、ということです。ところが人間というのは求めずして真理だけ得ようとして、ずるいことを考えるものです。寝ころがって本だけ沢山読んで真理を得ようとしたり、その辺で瞑想だけしてみたり、水をかぶってみたりして求めたようなかっこうだけします。或いは仮に、真理を求めてもテストがきた時に逃げてずるをしてテストをカンニングしたり、他にたよったりしていつも失敗しています。真に求めれば必ず、それが本当かどうかを試すテスト、試練がきます。これに合格した者にだけ知恵をさずけると言っています。つまり真に求めて、そしてテストに合格する、これが不変の鉄則だと言っています。昔も現在の終末も、又個人においても人類においても変わらない、すべてに適応される法則がこれであると言っているのです。

今回の終末における進歩の二大法則

今回の終末は全人救済です。つまり五十三億人のすべての人が、進歩の二大条件を通過するということです。すべての人が真に求めてすべての人がテストに合格する、そうでないと全人救済にならないのです。全人救済は謳《うた》い文句ではない、今回は一握りの人だけが救われて、はじめからやり直しをしたアトランティスとは違うというのです。シルバー・バーチもはっきりと言っているように新時代が到来する、地上天国になる、ということなのです。つまり、アトランティスの二の舞ではなく、人類も地球も次元アップする、すなわち、進歩の二大条件をすべての人が通って目覚めるということなのです。

なぜそれが可能なのかというと、今回の終末においては特別な措置がとられているからです。カルマの根が切られているので、求めたら必ず目覚められるようになっているのです。しかし、このまま人類がエゴイズムの生き方をやめようとしないならば、真に求めさせられるための、想像を絶する大艱難がくるでしょう。いやでも応でも求めざるを得なくなるための艱難であり、そして又テストです。だから必ずパスするようになっているのです。しかし、この大艱難は神様が与えたものではなく、人類がエゴイズムの生き方を止めずに地球の次元アップについていけずに不調和を起こしているところからくる軋轢《あつれき》なのです。シルバー・バーチが言っているようにすべて物質的なものが失われて後、人は初めて一本の藁を求めるのです。だからすべて物質的なもの、経済的なものから環境からすべて破壊されて、親子関係も絶たれ、すべてを失った時、人ははじめて一本の藁を求める、その時人は神の声をきき光が見えてくるのです。その時人は初めて目覚めるのです。だからこれは、放っておけばこのような想像を絶する大艱難になって、カルマの根が切られていますから、最終的に必ず五十三億人すべてが求めたら目覚めるというのです。そのかわり地球は大破壊と汚染を受けて何百年も使いものにならない位深く傷つき、人間も建設要員が少なければ長年月で建設していかなければならず、惨憺《さんたん》たる状況の中でやっと地上天国に辿り着くということになるでしょう。

神さまは愛ですから、カルマの根を切ってこのような終末においても必ず地上天国になるように目覚めの法則でもって計っているわけです。それも愛ですが、絶対の愛であるということは、そういう大艱難を経なくても地上天国になる道も用意しておいて下さるということです。これは特別に用意したというのではなく法によって用意したのです。この法を実践しようというのがでくのぼう革命です。

大艱難を経ずして地上天国を迎えるための でくのぼう革命

すべての人が大艱難を経ずして目覚める、法とは、ダルマの法、愛の法です。でくのぼう革命はこれをやろうとしているのですが、この場合にもやはり二大原則、目覚めるためには真に求め、テストを合格するというこの法は通過しないといけないのです。どのように通過するのかというと、これはでくのぼうたちが魂のヒーリングをすることによって、目覚めの手助けをして通過させるのです。でくのぼうとは地上天国をつくるための先駆けですから、使命によって魂のヒーリングが必要な人――さまざまな苦しむ人、魂に飢えている人、病者、真理を求める人に、個々に目覚めを与えていくのです。苦しみというのはカルマがあるから出てきたものですから、その出てきた自分のカルマを解消しなくては目覚めることは出来ません。カルマを解消するのはとても大変なことで、苦しんで悩んで求めないと絶対だめです。求めない人も多いし、途中で逃げ出す人も多いでしょうが、そういう人に魂のヒーリングをして、テストに合格させ、一人一人目覚めた人にしていくのです。一人一人が自分のカルマを解消し、テストを克服していくということは、人類全体のもっている総カルマを軽くしていくことです。だから終りの日のカルマはそれによって少なくなり艱難が軽減されるのです。宮沢賢治が「世界がぜんたい幸福にならないうちは、個人の幸福はありえない」と言ったように、人類というのは人類さんという一人の人と同じことです。つまり「あなたはわたし、わたしはあなた」ですから、五十三億人のカルマは人類さん一人のカルマと同じことで、だから一人でも二人でもカルマを軽くしていけば、人類さんのカルマは軽くなるのです。だから人類さん全体を救うためには、個人個人が分担しているカルマをでくのぼうたちが魂のヒーリングで解消できるようにしてあげる、それによって人類全体のカルマを軽くし、大艱難を経ずして目覚めに至ることが出来るのです。

サタン改悛は全人救済の必須条件

五十三億人のカルマ解消というと、ふつう人はそれを数で計算するので、間に合わない、タイムリミットがくるといいますが、神は愛ですから必ずそれは出来るのです。全員がやがて目覚める道を神さまは作っておいでになるのです。但しそれは魂のヒーリングをしていって、あちこち目覚める人が出てきた時に、道が開かれるのです。一つには百匹目のサルということがあって、この運動がある時期にきたら燎原《りょうげん》の火のように広がるということがありますが、これだけでは五十三億人全部は目覚めないのです。もう一つ、サタンの改悛という儀式をやらないといけないのです。これはすなわち邪霊、低級霊の目覚めを促す仕事です。百人のでくのぼうがこれをある時期がきたら行うことになります。

今地球上にあるカルマは宇宙の根源からきているカルマの根から切れているので、もう今地球上にある分だけになっています。だから今あるカルマを解消すればすべてのカルマが解消できるのです。何をやればいいのかというと、サタン改悛をやればいいのです。それは地球を今回地上天国を失敗に終らせようとしている反対勢力を降服させることです。要するに今多くの人が目覚めにくいのは、霊的な邪魔するもの——邪霊、低級霊が沢山いるからです。その邪霊、低級霊全部の手を引かせる方法が、それらの親玉であるサタンを改悛させることなのです。親玉であるサタンが手を引けば、邪霊たちも意気消沈して全部手を引き、目覚めにくかった人間もそこで目覚めます。目覚めるには多少の艱難もありましょうが、邪霊の手が引かれているから目覚めることができます。

このように神は愛ですから、放っておいても傷つきながらも地上天国になるけれども、でくのぼう革命をやるときに災害少なくして地上天国になるのです。しかもその地上天国はりっぱなものに、そして早くなっていくのです。

愛の法を知りそして使うこと

自分のカルマを解消するために先ず真実の道を求める、そしてカルマを克服する、テストに合格する、このように二大法則はでくのぼう革命の場合も適っています。その時でくのぼうが使うのはダルマの法愛の法で、これによってすべての人を目覚めさせるお手伝いがどんどんできるのです。ところが人間は今まで、この愛の法を実践しませんでした。お金や暴力の方が余程強いと思っていたので、愛の力の逆の方ばかり使っていて、いつも破壊の結果ばかり得ていました。しかし今こそ愛の法の実在を知って、愛の法を断固として使っていこうということです。

今世間一般では、何となく絶望的な状況だという気配が満ちていますが、それは一般の人が愛の法の存在を知らないからです。それから、今回は必ず地上天国になるんだという、地球の次元アップの変化に気づいていないからです。それともう一つ、今回は艱難少なくして地上天国になれるよう神界で手が打たれているということも知らないのです。この三つに気づきさえすれば、勇気をもって進んでいけるのです。

宇宙進化における人類の役割

人間とは、他の惑星の人類もそうですが、地球や太陽系、宇宙の進化のために、わざわざ神さまが肉体の衣を着てでられたものです。宇宙の進化とは宇宙の光を増していくことです。「はじめに光ありき」とあるように、ビッグバンなどで光が爆発して宇宙ができた、つまり光がかたちを変えて宇宙をつくっているのですが、これを更に光かがやく宇宙にしようというのが神の意志です。そのために神さまは各惑星に肉体の衣を着て人間となってきたのです。

どのように神である私たちが宇宙進化をしていくのかというと、宇宙はまだ完成しておらず、光に変えなければいけない混沌としたネガティブな黒いものが残ってます。つまり闇があるのです。この闇を人間が一度身に受けて吸収し、人間の体を通して光に変化させる、つまり愛の力によって闇を光に変化させるのです。この時人間から出た愛によって、動物も植物も石ころも、空気そのものも光の方に進化していくのです。この時宇宙の根源からネガティブなものをどうやって引くのかというと、ネガティブなものとはいわば悪なるものですから、悪なるものは人間がそれと波動を合わせた悪なる状況にならないとそれを吸いとれないのです。だからエゴイズムに一度人間はおちるのです。そして宇宙の根源からエゴイズムによってネガティブなものを吸収し、カルマをつくり、そしてそれを解消していくのです。このように人間は神であって宇宙の進化役だから、ネガティブなものに一ばん近い状況、物質界におりて自分が罪人となり罪を犯しカルマをつくり、生まれかわり生まれかわりしながらカルマを解消していって、ネガティブなものを光に変えていくのです。今までの地球はこうやって次々生まれてはくり返し宇宙の根源からネガティブなものを引いてきたのですが、今回は違います。今回は次元アップするわけで、もうネガティブなものを引かずに、愛と奉仕に生きることによって宇宙を進化させる役目に地球がなっていくのです。宇宙進化の方法は、これまでの地球のようにネガティブなものを引いてきて光に変えるという方法と、そうではなくて愛と奉仕によって進化させていく方法とがありますが、地球人類はもう愛と奉仕になっているところで更に愛と奉仕を行い宇宙を進化させていくという役割に一段レベルアップして変わっていくところにきているのです。これが地球の次元アップです。

このように新しい地球にするためには、今回の終末にあたり神界では地球上のエゴ、つまり地獄や地獄の亡者や悪人をなくさなければならないので、幾つかの仕掛けをしました。まず人間の媒体である肉体と幽体は愛と奉仕に耐えられる程精巧なものに、ほとんど進化（浄化するという意味ではない）させました。また理性の媒体である霊体も、まだ完成はしてないけれども同じように進化してきました。これらは天使（自然霊）の働きによってそうなってきたのですが、このように悪霊をなくし地獄をなくし悪人をなくしていく準備はできているのです。但し、このまま座っていてはなくならないので、『霊訓』に書いてある進歩の二大法則を通過させようというわけなのです。それが要するに、本当に求めること、次にテストをパスすること、それが終末の日の大艱難で、座っていても大艱難にあってそうなるようになったのです。しかし、大艱難だけでは全人の目覚めは起こらないので、宇宙の根源から絶えずネガティブなものを引いていたカルマの根が、特別に切られたのです。これは神界の特別措置で、これをやらないと目覚めないので、わざわざ目覚め易くするためにやって下さったのです。それから霊界に、新地球の原型をつくるところまでして下さっています。あとは人類がこのままでいれば大艱難を受けて、根限り苦難というテストを受けて、一本の藁を求めるように救いの道（真理）を求めて、終りの日神の声をきき目覚めるという段取りになっているのです。但しそれを、もっと艱難少なくして、そしてより良い新地球ができるような道がつくってある、それがでくのぼう革命です。

イエス再臨の意味

キリスト再臨というと、一般の人は肉体をつけて出てくるように考えていますが、あとで肉体をもっても出てきますが、実はすでにイエスは霊的に再臨してきています。イエスとは二千年前に十字架にかけられ刑死したイエスです。霊的再臨の目的は、一つはカルマの根を切ることです。もう一つはもう一度彼の教えを伝えることです。カルマの根を切るとは、二千年をかけて因果律によって行うサタン改悛です。要するにイエスは二千年前サタンに殺されたので、今度は因果律によって必ずサタンを殺すのです。これが霊的再臨の意味であり、二千年前に殺された意味なのです。ふつう因果律によると、過去に悪いことをしたからそのカルマによって処刑を受けることになるのですが、イエスはそんな悪いことをしたとは思えません。しかしあんな残酷な処刑を受けたということは、つまり二千年後の因果律を達成するためなのです。サタンに殺されたから今度はイエスがサタンを殺す番です。イエスの場合、刀で殺すのではなく愛によって、ダルマの法によって殺すのです。サタンとは神さまですから、つまり人類を物質によって堕落させ結果的に人類を破壊していく使命をもっているので、これを改悛させる、つまり人類から手を引かせるのです。イエスは愛によって説得しサタンに手を引かせたのですが、これは、因果の法によってはじめて可能なことであり、二千年前刑死してなければ出来ないことなのです。これによってカルマの根は切られたのです。つまりこれはすべて終末の時に合わせて、終末を成就するための使命をもって計画されたことなのです。

救世主思想の誤り

「ヨハネ黙示録」にしても他の予言書にしても、地上天国がくるとは言っていますが、それが次元アップの意味だという解釈をしたものはありません。どれも救世主による救済をいっていますが、救世主が出てきて地上天国になど絶対なりません。進歩の二大法則を人類が経過して、はじめてなるのです。イエスはそれを知っていたので二千年前に準備して、因果律によって法を説く道をつくったのです。しかし、予言書には次元アップのことも、法則のことも言っていないのです。

救世主思想とは極端に言うと、黙って座っていてもキリストがきて救ってくれるというもので、これは人類を堕落させてきた原因です。私に言わせればサタンに引っかかったようなものです。この救世主思想の根本には原罪説があります。人間の力によって拭《ぬぐ》うことのできない罪、という考え方は、キリスト教もユダヤ教もイスラム教も皆一致してもっています。この考え方があるので、救世主がきて救わない限り救われないということになるのです。だから人間が自分の力で愛の法によって世の中救えるんだという、神のしつらえられた道が発見できなかったのです。イエスはそれを言ったのです。まわりの人を自分のように愛しなさい、そうすれば神の国がくると。しかしキリスト教が間違えて、イエスの言っていない原罪説だとか救世主信仰を言ったのです。だからイエスはそれをもう一遍教えるために、スピリチュアリズムによって述べているのです。

ローマ帝政と現代

十六頁の「問『心の迷、実証の困難…』」の項では、ローマ帝政時代のことを言っています。ローマ帝政の初期は大変平和でしたが、道義の点では正直であることは罪悪だと言われました。そういう当時と現在の日本とを比べると似かよっているように思われます。ローマ帝政時代は休日が年間一六〇日くらいもあって、現在の日本と似たような状況です。ローマ市民は百万人いましたが、小麦は皆配給され、見世物、劇場、プロレス、サーカス等皆無料でした。大衆温泉も無料です。つまりローマ市民は、休みが多くて食物や遊興もタダだったのです。また軍隊も傭《よう》兵（お金でやとった兵隊）だったので兵隊になる必要もありませんでした。日本も安保条約でお金だけ出してアメリカに核で守ってもらっているので似たようなものです。このようにローマ帝政時代は現代の日本とよく似た状況だったのです。

ローマ時代は皇帝が金持ちだったのでそれが出来たのです。国土の半分は皇帝の私有財産だったので、そこからあがるお金で小麦を配り、見世物小屋をつくり、温泉をつくり、兵隊をやとったのです。だから市民は何もしなかったのです。なぜそんなことを皇帝がしたのかというと、市民を買収したのです。当時皇帝は選挙制だったのでそうやって市民を遊ばせて選挙で入れさせ完全な独裁政治を行ったのです。全部皇帝のお金でできたのです。日本も今バブル経済でもってお金があまっているので、国民に楽をさせてもうかるようにさせて、国民は海外旅行へ行ったり好きなことをやっていて、当時と似たような状況かもしれません。但しローマ時代にはエイズはありませんでした。

ローマの第一代の皇帝アウグスス（編注・アウグストゥス）はお金にあかしてそういうことをしたわけですが、実は彼はサタンの代理人でした。この時代にイエスは生き活動したのです。アウグススはサタンでしたが、しかしその人柄はまれにみる立派な人のように見られました。養父は立派な軍人シーザーで、彼がローマ中で一番道徳的に立派な人物と思ったオクタビアヌスをみつけて、十八歳の時養子にしました。それが初代皇帝アウグススです。この皇帝があり余るお金で国民を買収して国をだめにして、傭兵をやとって民族心を失わせて堕落の元をつくりローマ退廃の根源がつくられていったのです。このようなサタンが皇帝だった時代にイエスは在世し、第二代皇帝の時に処刑されたのです。そういういわく因縁がたくさんあります。そのイエスが今、二千年後にでてきたのです。だから今、サタンがいるわけです。反キリストが出てくるなどと言われていますが、サタンの代理人が、出てくるのも当然といえば、言えましょう。

「神と天使の光が加はるに連れて、世界の闇は次第に薄らいで行くであらう。」（十七頁十〜十一行）

これはとても重要なところです。救世主がでてきて救われるとか一人の立派な人物によって救われるとか言っていません。神霊界の光が人間界に加わるとよくなるとだけ言っており、これはでくのぼう革命で言っているのと同じです。シルバー・バーチも同じことを言っています。「もし、霊的真理に気付く人達がみんな団結して、唯物的なこの世界にたちこめる真黒な霧を、追い払おうと努力すれば、大事業が達成されることになる。」一人ではなくみんなが団結して立ち向かう時、神霊界からの力は、みんなその人々を通して入ってくるのです。人は神ですが、個人の力はたとえ聖人であっても限られています。そうではなく、その聖人なり、個人を通じて神霊界の力が入ってくる時、その入ってきた神霊界の力は莫大で、その力によって世の中は変わっていくのです。これは非常に重要な法則です。だから自分が立派な人間になって世の中を変えようなどというのは、とんでもないことです。そうではなく、一人一人が神の通路となる時、それら集団の通路を通って神霊界の莫大なエネルギーが入ってきて、それで世の中は確実に変わるのです。自分を立派にしてその力で世の中を変えようと思っていると、自分のまわりを遮断するので、絶対神の通路にはなれず、世の中は決して変わらないのです。

そういう法則をここでは言っています。

「この隠れたる神の子達が、大地の下層より決起して、…」（十八頁八〜九行）

これは「法華経」の、末法の世の時みろくが出てくる、その時大地震裂して大地の底から菩薩たち（地湧菩薩）が出てきて一緒になって法を説く、と書いてあるのとぴたりと合っています。法華経を信奉していた宮沢賢治は早すぎた光の使徒であると私は言いましたが、言葉をかえれば、宮沢賢治は終末の時世を救う菩薩たちの先駆けで出た地湧菩薩であると思います。

ここは地上天国化する時の、まさに終末の状況を言っていますが、「大地の下層」というのはここでは何を言っているのか確言できません。また「法華経」にいう地下世界もそれ以上は何も書いてないし、仏教研究家にもわかりません。しかし、地球は生命体ですから大地の底にも何かあるかもしれません。話にシャンバラというのが地球の奥の空洞世界にあり人類を指導する神々のような方々が住んでいる、その世界への入口がチベットのポタラ宮殿の地下にあると言われていますが、よくわかりません。あるとしてもそれは次元の違う世界ですから、見えないし私達には入ってもいけないでしょう。

天啓は皆同根、そして単純

高級な霊示、たとえばシルバー・バーチやホワイト・イーグル、『霊訓』、またはイエスや釈迦や孔子の教えというものは、皆神から出ていて同じだと言っています。そして「神の言葉は常に単純である」と言っています。これはすばらしい言葉で、神からの霊示は単純で非常に明解です。たとえば孔子以外は、人は永遠の生命だといっています。もう一つは愛と奉仕が幸福と平和の法だということを皆いっています。結局それだけ知ればいいのです。天啓の根源はそこにあります。愛と奉仕が幸福と平和の法であることとさえわかればいいのであって、それを知るために人間は肉体ではなく、永遠の生命であるということを知ればいいのです。

ところが、こうやって話を聞くと、よくわかりました、結構なお話ですと言っていて、すぐ忘れてしまうのです。それどころか、すぐ反対のことをやってしまいます。エゴをやったり、永遠の生命と思わず、八十年の命だと思ってガサガサやるんです。忘れないようにするためには、人間はもっと学ばないといけないのです。

たとえば、エゴの心をだしたら、すぐ低級霊が感応してくることを学ばなければいけません。感応してくると袋の中に入ったようになってわからなくなってしまうこと、そうなったらおしまいだという霊魂の働きの恐ろしさも知らねばなりません。

霊魂の感応を知るには、人間はいつも波動を出していること、いい波動もあれば悪い波動もあること、悪い波動をだせば悪い霊魂の波動と一緒になって引きよせるということ、これらを知らねばなりません。では波動はどこからでるかというと、媒体から波動はでるということ、いい媒体をつくるといい波動がでて善霊に感応し、媒体を悪いままにしておくと、悪い波動をだして悪い霊と感応し不幸になります。いったん邪霊に感応されると、袋の中に入ったようになってまるでわけがわからなくなります。するとエゴイズムでやっててもそれが良いことのように思え、我をだしてててもそれが愛だと思えて、ちょっとやそっとでは取れないのです。だから霊があるということは、そのように恐ろしいものだ、というようにだんだん学んでいかないといけないのです。それがわかるためには霊魂の働きとか、媒体の働きとかを基礎から白紙になって学ばないと、身に染みてわからないのです。でないと愛と奉仕にはなかなか生きられないのです。

しかし、ヘタに心霊を知りますと、霊とは恐ろしいものだ、すぐ憑依する、不幸になる、だから憑依されないように、ただ反省すればいい、瞑想すればいい、神さまにお願いすればいい、霊媒にとってもらえばいいというようになってしまいます。そうして一ばん大切な大命題、人間の生き方は愛と奉仕であるということを忘れてしまうのです。

真理は常に単純です。源は一つ、愛と奉仕に生きること、それを学ぶのです。それを学ぶために、内面の霊魂の働きとか媒体の作用とかを知らないといけないわけで、いろんな勉強が必要になってくるのです。そういうことを学ぶためには、どうしたって白紙になってホームサークルに行き勉強してもらわないと学べないのです。白紙にならないと、結局途中でひっかかって徒労に終ってしまいます。白紙になれない人は回り道して痛い目に遭うまで、なかなかわからないのです。

理性で知るとは

頭で知るのではなく、内在の理性で知る、判断するものだと言っています。（二十頁三行目）ところが、この理性で知るとはどういうことか、これがわからないといけません。

たとえば今、地球の危機、或いはサタン的なものがいて危ないと言いますと、これを判断するのは頭ではなく理性です。危機であることは大体わかっていても、それは現在の科学でわかる程度のもので、それ以上の危機、地殻変動や地軸移動などは科学では証明できません。ましてサタン的な者がいて地球をダメにしようとしているなどわからないのです。みえない、証明できないものをみるのは、人間や地球に愛をもっていないとわかりません。愛がないとわからないのです。

科学的な証拠や三段論法の理屈で考えられないもの、たとえば目にみえない霊魂の存在を信じるのは大変難しいことです。みえないものをやみに信じると盲信に陥ってしまうから、証明されないものは一切信じない、というのは知的ないき方のように思いますが、しかし、人間の目にみえるものだけが存在する、その他は存在しない、と考えるのは非常に尊大な考え方です。宇宙人の問題でもそうです。この広い宇宙に地球という惑星だけに人間がいて、他の惑星には人間はいないとなぜ断言できるのでしょうか。いるかもしれないと思うのが当然です。いないと断言するのは、まるで昔の天動説と同じで、天の方が動いていると信じて疑わなかった人間中心の尊大な考え方です。やっぱり宇宙人はいるかもしれない、人間以上のものもいるかもしれない、又目にみえない霊も存在するかもしれない、目にみえない神も存在するかもしれない、そこまではふつうの良識ある人は考えなければならないのです。それ以上、霊はいるとか神はいる、或いは宇宙人の存在ということはそれ以上の判断を要する問題になってきます。その判断は、愛があると考えざるを得なくなって、真剣に考え悩み、その結果、今の地球の危機がわかり、その救う方法を考えていくと、そこから神を認めたり霊を認めたり、宇宙人の存在を認めたりというところへ発展していくのです。そして地球を滅ぼそうとしているサタンの代理人の存在も認めざるを得なくなるのです。これらは良識と愛があれば考えられる問題なのです。これが理性で考えるということなのです。

つまり理性で知るとは霊の目で知ることです。霊というのは私達の内部にある神の分身です。だから霊の目で物をみるとは内在の神性が発現することです。それにはギリギリの愛がないとそうはならないのです。

それはスピリチュアリズムの原理がはっきり言っています。

人間は神の分身であるスピリット（霊）を内部にもっていますが、これは肉体にくるまれ隠されています。霊の目で物をみるには、隠されている内在の神性を外に発揮しないといけないのです。隠れたままの霊の目はふさがれているので、内在の神性は絶対外に発現しないといけないのです。

理性の媒体とは霊体ですが、この霊体という媒体が発達しないと、理性の目は全くみえません。霊体を発達させるには、要するに内在のスピリットを発現すればよいのです。一度も人を愛したことのない人の霊体は、風船みたいに中が空っぽです。要するに愛（スピリット）を発現したことがないからです。愛を発現する毎に、霊体に愛の丸マークがつけられます。ということは霊体が発達したということです。内在の神性が霊体に現れて、霊体そのものが光りはじめたということです。言いかえると、神の霊が霊体に映ってきて影響を現わし、霊体そのものを成長させたということです。そしてその成長に合わして、すばらしい波動を発しはじめます。つまり内在の神性の性質を霊体が持ち、その分だけ美しい波動をだしているのです。だからこの人には理性の目でもってみえるのです。霊体の発達していない人には、いくら真理を教えても、自分の霊体が真理と同じ波動をもっていないからわからないのです。真理と同調できるだけの波動をもっている人には、波動が同調するので、チャンネルがパチッと合うと映像も声もでるし、意味がわかるのです。だから悟る、知るということは、気づくことです。気づくということはすべてスピリットで悟ること、霊体で悟ることです。だから頭で覚えたものは真理じゃないのです、忘れるものです。霊体からでた波動でもってとらえたものが自分のものになるのです。だから真理をしるには、霊体が成長していないと、それをとらえるだけの波動がでていないのでダメなのです。霊体の成長は愛と奉仕です。スピリットは愛ですから、そうでないと成長しないのです。

もう一つ霊体を成長させる方法は、欲得を排して真善美を追求することです。たとえば学者が、立身出世や金もうけを度外視して真理のために真理を追求したり、芸術家が名声や金もうけを考えずに、いいものを創造したくて美を追求するなどは、これも内在の神性の発露ですから霊体が発達します。但し、よく言われるように、自分を立派にすれば世の中は救えるのだというういき方では駄目です。それは一種のおごりです。そうではなくて、ただただ世の中に貢献したいから、或いは真理のために真理を追求するということです。

そこで最大なる方法とは、愛と奉仕のために、真善美を追求するということです。たとえば、世の中のためにお役にたちたいから、スピリチュアリズムを真剣に白紙になって学ぶということ、又世の中のためにすばらしい芸術をつくっていくこと、これらは最高で、最も霊性が発達します。

第3章

SPIRITUAL COMMONSENSE

地球を救う霊的常識1

テキスト『霊訓』からの引用

われ等の所謂《いわゆる》魔群と称するものは、低級未発達の魂の集団に外ならない。（……）さう言つた未発達の霊魂の数は実に多い。従つてその威力は決して侮るべきでない。かの悪の存在を否定し、有力なる魔群の存在を否定するが如き思想は、実に人類を誘惑せんが為めに、構造されたる、悪魔の甘言と思考すべきである。

（二十四～二十五頁より引用）

背後の霊について（二十一～二十二頁）

背後霊とは（これは浅野先生の時代には使わなかった言葉です）その人についていて、感応、憑依して影響を及ぼすさまざまな霊のことを言います。背後霊は大きく二つに、良い方と悪い方に分けられます。良い霊のグループのまとめ役が守護霊で、その守護霊と協同しその人の使命だとか特技などを指導するのが司配霊（浅野先生は支ではなく司の字を使われた）、守護霊や司配霊のお手伝いをするのが補助霊といい、これら本人を善導する霊すべてをまとめて守護霊団といいます。これに対し、良くない方の霊とは、因縁霊だとか迷っている祖先の亡霊などの地縛霊、その他雑踏などでついたりする浮遊霊などさまざまな霊があります。ここ（二十一頁）で言っている「指導霊」とは、守護霊団に属する霊のことですが、主として司配霊を指しているようです。

守護霊

「指導霊と、その指導を受くる人物とは、通例ある不可分の因縁関係を以て結ばれてゐる。」（二十一頁四〜五行）とあるのは守護霊の場合と思われます。浅野先生は数多く鎮《ちん》魂《こん》帰《き》神《しん》の指導をされ、背後の霊を呼び出し、調査した結果、人には必ず一人生まれてから死ぬまで専属の守護霊がついていることをつきとめられました。またその守護霊とは、本人と血のつながった祖先関係であることがわかりました。つまり守護霊と本人とは霊的に深い因縁関係があるので、お互いに何度も色々な関係を持って再生を重ねてきているわけです。だから「不可分の因縁関係」があるといえるのです。

浅野先生も脇長生先生も、守護霊は霊界の居住者だと言っておられますが、私はむしろ幽界上層が多いのではないかと思います。というのは、守護霊は場合によっては再生もするし、死後二百年～八百年くらいの霊が多いということだし、また、もし第二の死を遂げて幽界から霊界へ行ってしまっているならば、かんたんに感応できなくなるからです。間に霊媒を置かないと通信できないという霊界よりも、マイヤースが死後すぐ入った幽界上層の色彩界（自分の想念で形体を理想通り変えられる）あたりが妥当ではないかと思います。守護霊というものは、ただ人間を守るためだけにつくのではなく、守護霊自身が現世的な修行を要する面があるからなっているのですから、そういう点でも第二の死を遂げて絶縁状態になっているとは考えにくいのです。

因縁霊とカルマの問題

カルマの問題は、たとえばAさんがBさんに殺されたから次には必ずBさんがAさんに殺されるというような単純なものではありません。ずっと前の再生の時からの因縁がありましょうし、人間というものは必ずしも全部的再生をするとは限らないもので、創造的再生という面があるはずです。そうなると霊縁の強い人たちが互いにお互いのカルマを背負い合って生まれてきているといえます。だから、因縁霊の問題の場合、その因縁霊と自分との関係はさまざまなケースが考えられます。その因縁霊を過去世で殺したから、逆に今度は自分が殺されるという場合、或いは殺された本人は因縁霊を殺したのではなくて、全然別人を殺したかもしれないとか、或いは殺さないけれども、それに価するような危害を誰か他の人に与えた経験があるかもしれないとか、色々なケースが考えられます。但しカルマが両者の間に存在することだけは間違いないわけです。そのようにカルマの問題は単純にA↓BだからB↓Aとは限らないのです。

指導霊

二十一頁には色々な指導霊のタイプが書いてあります。「或る霊は、特殊の使命を遂行すべく特派される。」とあるのは、その人を通じて指導霊自身の使命を達成させる場合があるし、またその本人の使命を達成させる場合がありましょう。「或る霊は、一人物の性格上の欠陥を補充すべく、特にその人に付けられる。」とあるのは、悪人といわれるような特に欠陥のある人などの場合でありましょう。このように指導霊は必要に応じてつくのですが、どんな人にも必ず、その人の使命を達成すべく、守護霊のほかに指導霊（司配霊）はついているのです。特に職業だとか何か一生懸命やっている場合などは、必ず強力な指導霊がついてやっています。趣味などでも一生懸命やっていれば必ずつきます。特に、今行っているでくのぼう革命のような大きな使命を目的としている場合は、必ず、指導霊はついていています。でくのぼう革命を推進している個人にもそれぞれつきますし、各サークルにも専属の霊がつきますし、その他の霊が臨時に目的に応じて個人やサークルについて手伝ってくれることもあります。

補助霊

「単なる愛情、又は現世愛の名残で引きつけられる場合」（二十一頁）とあるのは補助霊です。この場合は大きな使命だとか職業などを直接指導するのではなくて、迷っていない亡くなった祖父母や親など近い関係の祖先がその人に対する愛情からその人を守ってあげたいという一念で、補助的な役割をしているのです。祖先関係でなく、赤の他人や友人であっても、お世話になったから助けてあげたいということでつく場合もあります。現世だけでなく、過去世でお世話になったからつくということもあります。このように私たちはたくさんの霊の手助けを得ながら生きているわけですが、中にはまだ半分迷っているような霊が助けてあげたいという気持ちでついていて、かえって、足を引っぱっている場合もあります。よくテレビなどで「あなたの死んだお父さんが守ってくれていま す」などと霊能者が言っていますが、その霊は守ってやろうというつもりでも、中には守っているのではなくマイナスになる場合があるので、そういう場合は本当は補助霊とは言えません。

自然霊が指導霊の場合もある

自然霊が守護霊になるというケースは、通常はありません。あるとすればきわめて特殊な例であります。（注、「生命の樹」のメンバーの中には少数そういう人達がいます。）司配霊の場合は、特に大きな使命を達成するような場合は自然霊がつくことがあります。浅野先生は人間は自然霊から生まれた、つまり人間の魂の源の親は自然霊である守護神だという考え方をされています。とすれば、我々の一番の祖先である守護神に私たちは大なり小なり守られているということになります。また、ホワイト・イーグルは、人間には守護霊のほかに守護霊以上のものとして各自に守護の天使がお一人、一生涯ついていると、はっきり言っています。これは神々とも称すべき自然霊（天使）ですが、このホワイト・イーグルの言っている守護の天使と浅野先生の考えられた守護神と同じものであるかということになると明言は出来ませんが、私達人間は守護霊の他に高級自然霊（天使）の守護を受けているという点では同じことです。

守護の神界組織

守護霊の鎖の輪がずっと根源の神にまでつながっていて人間を守っているという、守護の神界組織の存在を、初めて打ち出してきたのは浅野和三郎先生です。もちろん守護霊や守護神があるということは、外国のスピリチュアリズムの色々な文献にもでてきますが、鎖の輪でつながったような組織が厳然とあると、はっきり言ったのは浅野先生です。しかし『霊訓』やシルバー・バーチなどは、やはり神にまで鎖の輪がつながっていると言っていますし、守護霊的なものがあるんだと言っていますから、そういう所をみますと浅野先生の守護の神界組織の考え方と『霊訓』などで言っているのとは、同じかもしれません。何か人間を守る組織があって、その鎖の輪を辿っていくと、一番奥の根源の神に通じるというかたちです。神というものは、人間の指導と守護に全責任をもっていますから、百パーセント責任もてる体制をつくっているわけです。人間がそれを使わないだけなのです。この守護霊組織というのは、とても合理的な、実在性のあるものだと私は思います。もし地上天国になると、地獄はなくなって邪霊が存在しなくなりますから、この守護組織も変わっていくでしょう。どう変わるかはわかりませんが、邪霊防止に対して使う力よりも、もっと人間を上に引きあげる力を使うようになるでしょう。人間自身がもう肉体の波動から変化してきますから、そういう変化はあり得ることだと思います。

霊界通信について（二十二〜二十三頁）

「通信者の大部分は、地上に接近せる下層の三境涯のものである。」とありますが、インペレーターは『続・霊訓』によりますと、死後世界を次のように分けております。死後の世界は三段階に分かれており、地上から下が地獄、地上から上が活動の界、それより上が黙想の界となっています。それぞれの界がまた七段階に分かれています。地上は地獄の一ばん上で、つまり地上は地獄に含まれるのです。活動の界七段階のうちの下の三段階が幽界で、上の三段階は霊界、その間の界（第四段階）は、上級サマーランドでしょうか、霊界幽界どちらかよくわかりません。黙想の界は亜神界です。この分け方に関して次のような通信もあります。イエスが地上に降りた時は活動の界の第七界（最上段階）であったが、死んでからは進歩して黙想の界にいると言ってます。そして黙想の界からは地上と直接通信できないと言っています。またインペレーター自身は、最初『霊訓』を通信し始めた時は活動の界の上から二段階目の第六界にいたと言っています。通信しているうちに進歩して、今はイエス地上在世時代と同じ第七界になったと言っています。この通信を終えてあの世に戻ったら自分は黙想の界に入るから、もう現世と通信できなくなると言っています。そういうところから考えますと、黙想の界と活動の界とは厳然とした差があって、黙想の界に入ると現世ともう通信できなくなるようです。また、イエスが前にいた活動の界の第七界や、インペレーターの最初いた第六界は、当然幽界ではなくて霊界的なところでしょうから、活動の界の上三界は霊界が妥当と考えられるのです。

このようにあてはめますと、先の地上に通信してくる「地上に接近せる下層の三境涯」とは活動の界の下から三つ、つまり幽界ではないかと思われます。下層の幽界やサマーランド位までです。そういう意味で普通通信してくるのは幽界霊であり、霊界になりますと通信できないということになります。つまり霊界にいる高級霊になりますと、直接には通信できず、地上における霊媒のような特殊な能力をもった通信専門の高級霊のみが、地上の優秀な霊媒を使って通信してくるということになります。

ですからいわゆる霊媒を通じた霊界通信というものは、ほとんどが幽界霊からのもので、中にごくわずか高級霊のものがあるという玉石混交の状態であるわけです。そこで神智学などは、スピリチュアリズムは低級霊とばかり通信している低級なものだと言っているのです。逆にスピリチュアリズムの方からは、ブラバツキーの神智学は、ブラバツキー自身が高級霊からの通信だと言っているが、何の証拠もない、それに比べスピリチュアリズムはいろんな霊媒が通信したものの中からすぐれたものを選りすぐって、それらの中で共通した法則だけを取りだしていくから非常に合理的で信憑性があるのだと言っています。たしかにブラバツキーが言っているように、霊界通信は玉石混交の石の方が非常に多いわけですが、だからといってスピリチュアリズムは全部ダメだというのは暴論です。中には宝石に価する、たとえばシルバー・バーチだとかホワイト・イーグル、そしてこの『霊訓』などの霊界通信があり得るのです。それはここに書いてあるように、高級霊の中にも霊媒に当たるような特殊能力をもった霊があって、それがすぐれた霊媒と交渉できる条件が整えば通信を送ることができるからなのです。スピリチュアリズムは、その宝石に当たるものだけを選んで共通した法則だけを見いだしていくわけですから、それはもう客観的、合理的に英知といえるような霊的真理が結論として導き出されるわけなのです。それを神智学のブラバツキーは知らないのです。また言わないし見ようとしないのです。これらの事はスピリチュアリズムの成り立ちというか、その基礎をよく教えてくれていると思います。

ところが今は、世間では霊界通信とか霊媒といえば、一も二もなく、石の部分だろうと何だろうと信じてしまう風潮です。これは非常な弊害であり誤解を生んでいきます。『続・霊訓』では、インペレーターは低級な霊界通信に対する警告を随分と発しています。霊界通信は低級なものがとても多く、通信してくるのはほとんど低級霊である、特に物理的現象は全部低級霊であり、監督する高級霊がいないとダメだ、また霊媒が立派であってもそのとり巻き、列席者が金もうけや名声など野心がある場合はその通信もダメになってしまうと言っています。要するに霊界通信はそれ位石の部分が非常に多いというわけなのです。

それでは霊界通信など止めてしまえばいいのかといいますと、そうではありません。心霊研究は、その発生である百四十年前の状況を調べればわかりますが、神界の計画なのです。いよいよ地球もすぐれた惑星の人類と同じように、人間と霊界とが交通できるようになって、ここからすばらしい新時代が始まっていくのだと言っています。これまで霊界の存在を知らなかった人間がその存在を知るということだけでも偉大なことですが、そこからの通信も入ってくるというのです。もちろん通信の中の九十五パーセントは信頼できないものですが、五パーセントには信頼できるものが含まれているのです。これ迄は人間の頭でしか知り得なかったのに、これからは霊的知識や英知を知り得る通路ができてきたわけです。地球に風穴が開いたようなもので、心霊研究発生の意義ははかり知れない程大きなものがあるのです。それに心霊研究は科学的な方法をとり入れて玉石の玉の方だけをふるいにかけて残していくのですから、その上に立脚したスピリチュアリズムはまさに英知を握ることができるのです。ここまでわかってくると、スピリチュアリズムのもつ意味の重大さが理解できるはずです。

しかし、スピリチュアリズムの使命は高級霊からの通信を受けるだけではないのです。今、前世占いなどのさまざまなチャネリングや宇宙人からの通信が流行っていて、人々は一も二もなく信じてしまうという風潮ですが、これはとても危険なことです。サタンはチャネラーを使って人々をたぶらかそうとしているからです。サタンはチャネラーを訓練し、組織化して自分たちの通信をどんどん送ってきています。サタンはこの手を使って人類を迷わそう堕落させようと大活動しているのです。ですからスピリチュアリズムの役割には、この通信の玉石を見分けていき、警告を発して、正しい通信方法を人々に啓蒙していくという重要な仕事があるのです。このスピリチュアリズムによる正邪の見分け方を啓蒙していくことは非常に大事なことで、特に、この下三界の通信がほとんどだということは是非知っておくべきです。幽界ならまだしも、地獄の方からも通信はきますから気をつけないといけません。しかし地獄からの通信も、見分けがつきません。サタンの通信もそれを受け取った人はそれを自分の考え、自分の思想と感じるので、見分けがつかないのです。いくら心霊研究の本を百万冊読もうと、その人が愛と奉仕に生きて、悪い波動を見分ける良い波動を心に持っていないと、とても見分けることはできないのです。ポイントは結局、日常の愛と奉仕にあるわけで、だから魔群がいちばん恐れるのは愛と奉仕なのです。

魔群とは、いかなる種類のものか？

ここではっきり言っているように、魔群とは百パーセント天に敵対するものです。よく善も悪もないという人がいますがとんでもないことで、それがもし神に反対するものはいないとか善人に反対するものはいないとかいうのなら大変な誤りで、人生も誤るし地球も誤ります。この魔群をなくすのが地上天国をつくる仕事であり、地上天国ができた時には魔群はいなくなります。ですから魔群は自分たちの居場所がなくなる地上天国がつくられるのが一ばんいやなのです。だから勢力、すなわち地獄を増やそうと、必死になって抵抗してくるのです。今まさに地上天国ができる直前ですから、世の中を見渡せば魔群のそういう必死の活躍が目前にくり広げられているのです。エイズの大流行と犯罪の多さは目にあまります。青少年の理由なき犯罪の多発に、世間の大人たちは、全くわからない、どうしたらいいかわからないお手上げの状況です。我々スピリチュアリズムを知っている者からみれば、そういう青少年の犯罪は魔群の活躍による憑依現象であることがすぐわかります。今の子供たちは甘やかされていて道徳的な教育を受けていないので簡単に憑依して、理由なき殺人など犯罪をどんどんやらせることができるのです。本当にひどい世の中になったものですが、この魔群の活躍は、実は大人たちがさせているのです。大人たちがバブル経済だとか、みんなエゴイズムの生活をするので、そのエゴイズムの想念がどんどん出ていて、それがサタンの霊的な栄養になって、サタンはどんどん肥っているのです。今ほど人間がダメになり魔群の力が強くなったことはないというほど大変な時代になってきています。

サタンとは、すなわち邪霊集団です。邪霊は存在するのです。それは地球神庁といって地球を教化していく神々の集団があるのですが、それと同じようにその反対の、人類をダメにしていく集団があるのです。首領がいて、一般的にはサタンだとかルシファーだとかいいますが、その下に丁度地球神庁と同じような組織をもっているのです。それはかなり組織化されていてそれぞれ頭領が地球神庁のマスターのようにいて、その弟子のグループがつくられており教育もしていくのです。

神のすすめようとする宇宙進化、地球進化に反逆し、そうすることが彼らの楽しみなのです。そして彼らは反逆できる、自分たちが勝利すると本気で思っているのです。反逆したいし楽しいし出来るし勝つと思っているのです。そしてそうする力を彼らは実際もっています。それは神々に負けないような力、すなわち彼らはものすごく宇宙科学に通じていまして、それが彼らの発揮するものすごい超能力のもとなのです。超能力によって彼らは物質を変化させたり、引き寄せたり、人の心を支配したりしますが、これは神々に負けない程宇宙法則に通じているからなのです。だから彼らは非常に頭が良くて奸智《かんち》にたけているのです。悪魔とか邪霊というと、よくだらしのないぶらぶらして酒飲んでけんかしたり寝ているのかと思いますが、そういうのはごく下っ端で、本当のサタンは立派な人物にみえます。努力しますし勉強しますし、意志をもち目的にむかってまっすぐに進んでいきます。統率力をもっていて組織をつくり、忍耐力をもち鍛錬します。そういう霊的にも宇宙法則に通じた頭のよい神々に負けない力をもった頭領があちこちにいて、組織的に反逆してきているのです。だからこの終末は、本当に命がけでないとできないと言うのです。

彼らはいろんなテクニックをつかってきます。霊能者の前には神の姿になって現れたり光を発光したりします。ちょっとした霊能者はころっとだまされます。そして霊能者を配下にして、色々な霊能力をあらわしたり予言を当てさせます。そうすれば皆本当に神がついたと思って喜びます。しかしこの発光した光が本物かニセ物か見分けられないと、サタンには勝てません。サタンは本当に勝てると思って疑わないから力があるのです。このサタンを打ち破るには、サタンの発光する光を見破れないとできないのです。見分けるのは知性や知識ではありません。唯一つだけサタンの使えない法があります。これが真偽を見分ける唯一つのものです。すべての法に通じ、彼らは九十九パーセントまで神と同じ力をもっていますが、この一パーセントだけもっていない、その一パーセントで神は勝つのです。だから神のグループの者はその一パーセントを握っているから何も恐れることはないのです。それはダルマの法、愛です。愛には彼らは勝てないのです。彼らはエゴですからエゴの極致ですから、決して愛はもてないのです。ですから愛によって彼らを打ち破ることができるのです。

愛の法をもつには、日常の愛と奉仕の生活をする以外にありません。これをしないでいて瞑想しても難行苦行しても断食しても、いくら呼吸法やってもダメです。万巻の書を読んでもマインドコントロールされてしまいます。愛をもつには日常の愛と奉仕の生活を実践する以外に方法はないのです。これがサタンに勝つただ一つの法なのです。我々はそれでもってサタンの改悛をやろうとしているのです。しかし、どうも途中でもっと別のいい方法があるのではないかと皆迷ってしまって、なかなかサタン改悛までいかないのです。だから我々はサタンがどれだけ大きな力をもっているか、勝利を信じているし神と同じ宇宙法則に九十九パーセントまで通じていることを、どうしても知らないといけない、そしてそれを打ち破る方法は一つしかない、それは愛であるということを本当に知らないといけないのです。

ところが愛というと世の中の人は、割合そうだその通りだと言います。しかしその愛とは何か、がなかなかわからないのです。愛とは何かを一言でいうならば、それは無私の献身です。ところがそれがどういうものかは、実際実践してやっていかないと本当には自分にわからないのです。頭でだけ、言葉だけで覚えていると、すぐサタンがささやきます。「そうそう無私の献身だよ、そこに困っている人がいるからお金をあげなさい」と言って、相手も堕落させるし自分も堕落します。サタンはいろんな手を使います。だから本当に愛とは何かがわかるには、どうしたって愛と奉仕を実践していかないとわからないのです。実践していくと愛の深さが、一段一段とわかっていって、だんだんと本物の愛になっていくのです。

地球は今、いよいよ大詰めにきまして、魔群、サタンとの最後の決戦のところまできています。いまや迷っている時ではありません。サタンに勝てる人、サタン改悛ができる人がでてこないと大変です。

私たちは黙想正座をやっていますが、これを本気でやらないといけません。頭頂から神気を入れよといいますが、神の力は頭頂からだけ入ってくるのです。なぜなら頭頂のチャクラは肉体と神の分身である霊とのつなぎめ、即ち人と神の接点です。そこからだけ神気が入ってくるので、これができないと大事な神の霊気が地球に伝わらないのです。逆に尾てい骨のチャクラからはサタンが入ってきます。尾てい骨のチャクラは人間と動物性のつなぎめにあたるので、そこからサタンは入ってくるのです。ですから黙想正座の後、しっかりチャクラを閉めなさいと言うのです。特に尾てい骨のチャクラだけは、しっかりと閉めないといけません。それから全身を白光で包むこともよいことです。とにかくチャクラは開けっぱなしにしてはいけないのです。

厳然たる悪の存在（二十三〜二十五頁）

『霊訓』の伝えられたこの時代にも悪はないという思想があったことが書かれています。今も同じように悪はない、危機はないという人々がいますが、たしかにそう言っていればロ当たりもいいし楽だと思います。しかし、それでは甘いしそれが地球を滅ぼしていくのです。それをここでは言っています。

善人ばかりならば、湾岸戦争でなぜ多くの人が殺されたり多くの油田が爆破されたりしたのでしょうか。異常気象や雲仙の爆発、ピナトゥボ火山の噴火は単なる自然現象なのでしょうか。人間には肉体と霊のほかに幽体などの媒体があるというと、そこまではわかるのです。しかし山にだって幽体があるのだから、その幽体に悪想念が記録されるのです。

そして不調和を起こして病気になるのです。病気になれば人間だけでなく動物も植物も山も海も、浄化作用である自然治癒能力が働きます。それが噴火になったり地震になったりするわけです。これはスピリチュアリズムを学びますと、科学的真実としてわかります。現在の危機を見ようとせず、ただ耳ざわりのいい愛と奉仕が大切ですなどと言っていれば、それは気分はいいでしょう。しかし自分たち仲間だけ愛と奉仕に生きていても、その仲間以外の外の人たちはいったい何をしているのかというと、エゴイズムで生きていて悪想念をバンバン出しているのです。それが子供たちの理由なき殺人を横行させたり、火山を噴火させたりしているのです。そして、皆なぜそうなのかがわからないので、ますますエゴイズムが発達してそれが邪霊を発達させていくのです。だから自分の集まった仲間だけでホンワカホンワカしていてはいけないのです。自分たちの集団以外のまわりの人に、エゴイズムはだめだ、恐ろしいのだ、本当に愛と奉仕でないとだめなんだということをわからせるためには、まずエゴイズムの恐ろしさを教えないといけないのです。エゴイズムをやってきたから、今危機がきているのだ、エゴイズムが地球を滅ぼすのだ、そしてあなた自身も地球と共に死ぬのだという、エゴイズムの恐ろしさを教えてあげないといけないのです。そのエゴイズムの恐ろしさが分かると、その次に愛のもつすばらしさが分かるのです。その時にでる愛が決死の愛です。この本物の愛でないと救えないのです。

先程も言ったように、魔群は必死なんです。彼らは神の計画を知っているので、地球が次元アップして地上天国になるしかけを皆知っているので、そうなると自分たちの居場所がなくなるので、それは決死なんです。決死の戦いをいどんできているのです。彼らは神の手のうちも知っているし、自分たちは勝つと思っていますが、本当に彼らが勝てる方法が一つだけあるのです。それは人間が堕落することです。人間が堕落すれば、彼らはいくらでも波長の関係で、人間の心の中に入ってきますから、殺人でも何でも、核戦争だって起こすことができるのです。人間が堕落すれば、サタンはいくらでも簡単に人間の心の中に入ってきます。サタンのささやきを人間は自分の考えだと思い、良いことだと思いどんな悪でもサタンの手足となって行うようになるのです。サタンはスピリチュアリズムの大家で、よく知っていますから、人間を堕落させようといろんな方法でやってきます。酒やバクチ、麻薬を流行らせたり、テレビの番組を流行らせたり、あるいは自由だ平等だといって堕落の方へひっぱっていきます。自由も平等も本来はすばらしいものですが、これがエゴイズムとミックスされると、ものすごく人間を堕落させるのです。

サタンは人間の心の中に入り込んで、悪の楽しみ——贅沢《ぜいたく》は楽しい、海外旅行は楽しい、フリーセックスは楽しい、と教え込み、またこれが人間の正義だとか自由だとかと教え込んでどんどん、どんどんやらせて、そうすると必ずそういうものは人間と人間のエゴの戦いにいきますから、果ては戦争をやらせます。そして湾岸戦争をやる方が正しいんだ、相手の方が悪いのだと思わせて、核を使う方が正しいんだ、使わないとだめだと思わせて目的を達成します。現に、太古の時代火星と木星との間にあった惑星が核戦争で破壊されたのです。だから人間を堕落させればサタンが勝利するということを、彼らはよく知っていますから、又神の計画を皆知っていますから彼らは必死になってかかってくるのです。サタンが神の手のうちをよく知っているのですから、我々もサタンの手のうちを知らないと負けるのです。だからサタンの存在を知れ、と言うのです。恐ろしさを、手のうちを、そしてそれを打ち破る方法を知りなさい、打ち負かす方法は愛しかないのです。人間が動物であることをやめて、愛と奉仕に生きるハートの人間になること、これしかないのです。サタンのささやきを聞かず、神のささやきを聞ける人間になるほか方法はない、これしかサタンに勝てる方法はないのです。それにはサタンの恐ろしさを知らなければいけません。

それからもう一つ加えれば、霊界に行われることは必ず現界に現れるという法をよく知ることです。心霊を学んだ方はご存じでしょうが、神界――霊界に行われることは幽界に行われます。幽界にあることは現実界に写し絵のように現れます。これは法則です。霊界にあることが現界にあるとはどういうことかというと、霊の世界にサタンがいれば、地球の人間にもサタンがいるということです。魔群がいれば、魔群の人間が現実に存在するということです。このことを魔群の働きを現実の人間が肉体をもってやっているのだということを知らないといけません。これが霊界にあることが地上界にうつされるということなのです。ところが魔群があるというところまでは信じてもいいけれども、現実の世界に魔群の代理人がいる、サタンの代理人がいるということは信じられない、という人が多いのです。これは心霊を知らないからです。あの世に現れたことはこの世にうつされるのです。あの世に魔群がいればこの世に魔群がいるのです。言い替えるとあの世に神があるから、地上界に神のようになれる者がでてくるのです。そして地球を救うことができるのです。神の言葉をきいて我々は神のようになれるのです。そして地球を愛の星に変えることができるのです。それは現実に地球で行われるのです。そこまで知らないと勝負に勝てません。サタンはそこまでよく知っています。神の代理人がいることも、誰が代理人かもよく知っていて、そこをまず狙って集中攻撃してきます。彼らの方が余程よく知っています。だから私は善人が甘いというのです。今善人は負けています。

まず生命の尊厳さを知ること

現代の日本の性教育の内容と低年齢化は、陰の政府の方針である人間の動物化（堕落させること）を進めるものと言えます。この方針をおかしいと思うか思わないか、これがサタンの手にのっているかいないかの分かれ目です。アメリカのエイズ蔓延《まんえん》に対するアメリカ政府の対策も、むしろエイズ蔓延を助長させるような性的堕落の方向にもっていくものです。これらの人間を堕落させる方針をおかしいと思うのがあたり前なのですが、ただおかしい、反対、と言うだけではだめなのです。ただ反対するだけでなく、ではどうしたらいいかがわからないとだめなのです。ユダヤ人のタルムードにはちゃんと書いてあります。ユダヤ人は勤勉に働いて不倫は厳禁だとあります。ユダヤ人は性的な堕落は人類をだめにし動物化することをよく知っているのです。だからサタンの代理人は酒や不倫で人類を動物化することによって自分たちが支配し易くしているのです。

では、この現実をどうしたらいいのか。スピリチュアリズムをしらない一般の人々に人は霊だといっても聞いてくれないので、霊と言わずに、どのように話したらいいのか、ということも考えないといけないのです。すべての文化に通じることですが、まず人々に、特に子供に生命の尊厳さを教えないといけないのです。今やっている機能的、生理的な性教育は非常に形而下的なもので、本当の性教育ではありません。その前になすべき性教育があるのです。もっと道徳的、倫理的な、生命の尊さを教えることです。結婚の神聖さ、そして受胎、出産という人間のとても神聖な仕事、その根源にあるのは生命の神聖さです。今それが全部失われているのです。結婚生活、家庭生活というものも神聖な神の子を育てる人間の大いなる仕事なんだということ、それによって自分もよくなる、子供もよくなる、世界もよくなる、すべてがよくなるという、このことをまず教えなければいけないのです。それには霊的なことを言えば一ばん早くわかってもらえるのですが、霊的なことを言っても人々が受けつけてくれないから、だから霊という言葉を使わずに生命の尊厳さ、そしてひいては結婚の神聖さということを教えるのが性教育なのです。今、結婚などはセックスの処理場みたいにしか人々は思っていません。だから不倫もあたり前と思っているのです。大人がそうだから子供もそう思うし、結婚も育児も家事も神聖なものだと、全然思えないのです。それはもう生命の尊厳さを知らないからです。だから妊娠もただ機能的生理的な現象にすぎないと教えるし、エイズを防ぐなら生理的な方法をとればいいと、それしか教えないのです。それはやっぱり人間は動物だ、物質だというところからきているのです。

生命の尊厳さばかりでなく今や、色々なものの尊厳さがみんな失われてしまっています。たとえば民族の尊厳さも今失われています。民族などと言うと、すぐナショナリズムだとか国家主義だとかと皆に言われます。愛国心はいけないとか、国旗を掲げてはいけないとか、国歌をうたってはいけないとか、すぐ短絡的にすり替えられて、とにかく民族主義はみんなだめだということになります。しかし民族が滅びたら世界はよくならないのです。民族は顔や言葉が違うように、天から受けた役割、使命がそれぞれあるのです。その役割を民族が自覚して果たすことによって、初めて調和ができてきて世界はよくなっていくのです。今自らの民族を殺している最たるものは日本です。あの「シオンの議定書」は民族の自覚を全部捨てさせていく方法をとっています。スリーS（三S）政策をやっていくと、皆民族の使命を忘れて動物になってしまいます。それが一ばんサタンにとって支配し易いのです。

民族の大切さと共に家庭の大切さ、これが失われたらだめです。家庭も一つの顔です。人間にひとりひとりの顔があるように、家庭にもそれぞれの個性があって顔をもっているのです。百軒の家があれば百の顔があって、初めて調和がとれます。十の民族があれば十の民族の顔をもって、初めて調和がとれます。こう言うとすぐナショナリズムだと言われますが、一ばん大事なことが欠けているのです。大事なことは、よい世界をつくるためよい地球をつくるために、民族はどう生きるべきかという意味の民族主義でないといけないということです。また家を大事にしろというと、昔の家の制度を復活しろというのではなくて、いい世界をつくるためにいい民族をつくるためにいい国をつくるためには、家庭はどうあるべきかということです。いい地球、いい人類をつくるためにはいい家庭をつくらないといけないのです。いい地球、いい人類をつくるためには、いい民族がないといけないのです。すべていい地球をつくることが目的なのです。そういうような意味での民族の復興、家庭の復興、それと共に生命の尊厳、結婚の神聖さ、こういうことを我々は学んでいかないといけないのです。これが「シオンの議定書」を打ち破って、神の国をつくっていく方法なのです。これを全部手抜きにして機能主義でいくと、精神的道徳的倫理的教育が全然行われずに、そのまままずっといくと堕落の極に行きます。どうなるかというと、地上天国は必ずきましょうが、但しその作り方がとても手荒いつくり方になってひどい悲劇になってしまいます。それを救うやり方は、シオンの議定書と反対のことをやればいいのです。シオンの議定書には人間を動物にするやり方がサタンの言葉で書いてあります。だから我々はその反対の、人が神になるやり方をやればいいのです。それがすなわちでくのぼう革命です。サタンはあらゆる知能をしぼり、九十九パーセントの宇宙法則をつかって我々に集中攻撃をしかけてくるでしょう。しかし絶対負けません。サタンの唯一つ使えない法、ダルマの法（愛の法）によって我々は勝つことができます。ですから我々は負けないのです。

第4章

SPIRITUAL COMMONSENSE

地球を救う霊的常識1

テキスト『霊訓』からの引用

真の哲人――彼は決していかなる学説にも捕はれない。又いかなる宗教宗派のドグマにも拘泥しない。そしていやしくもそれが真理であり、科学的の事実でさへあれば、一切の先入的偏見を排除して、千万人といへども吾《われ》行かんの概を以て、宇宙間の隠微を探るべく勇往邁進《ゆうおうまいしん》する。

（二十九頁より引用）

魔群にも一人の支配者があるか？（二十五頁）

創造主である神に対抗する永遠の対抗者「大魔王」というようなものはいないと、ここでは言っています。しかし創造主の統治下に、役割として善をすすめる天使――光の天使（たとえばキリスト）と悪をすすめる天使――闇の天使（たとえばサタン）はいると、ホワイト・イーグルは言っています。人間にエゴイズムをすすめ地獄の方へ引っぱろうとする闇の天使とは、いわゆるわけの分からない低級霊などではなく、天使（自然霊）なのです。ですからその知恵も霊的能力もものすごいのです。だから恐いというのです。光の天使に抵抗して五分五分位のところまでいかないと悪の役目は務まらないので、見かけも実力も光の天使と比べ少しも遜色がありません。見かけはきわめて人格的にも優れたように見え、又そういうものを持っています。真理に違わない言葉を大部分説き、何から何まで光の天使と違わないのですが、ただ一点においてだけ違うのです。とにかくそれ位すごい力を持っているのが闇の天使（サタン）であり、これは宇宙における役割なのです。

悪の恐ろしさを知る

サタンは創造主の統治下にいるというと、どうも人間は安心して気を抜いてしまいます。何もしなくても善が自然に勝つんだと思ってホンワカしてしまいます。しかしそれでは百パーセント確実にサタンに負けます。だからといって、今地球に起こっている真実の恐ろしいことを言いますと、きっと人はあまりの恐ろしさに足がすくみ、おじ気づいて何もしなくなると思います。それ程、悪は強くて本当に恐ろしいのです。だから私は今度の終末は百パーセントの全人救済だと言わないのです。万に一つですが、もし失敗に終わりますとこの度は地球ばかりか宇宙が確実に破壊されてしまいます。そうさせずに、地上天国にもって行く成否は、今地球人類にかかっています。言うなれば、今宇宙を殺すも生かすも地球人類にかかっていると言っても過言ではないのです。だからサタン側の悪宇宙人も必死なのです。自分たちの住み家が宇宙になくなったら大変ですから。そして彼らはうまくやれば勝てる方法も知っていますから。もし彼らが勝てばこの地球は破壊され、そのことはひいては今の宇宙は滅びてなくなり、宇宙の進化に大きな停滞が生じます。そうなると彼らは大変な勝利者で、創造主にでもなった気になるでしょう。それ程悪は強く恐ろしいのです。しかし地球人類がやりさえすれば、必ず百パーセント勝って地上天国――地球のレベルアップは実現出来ます。それをどうやってやるのかということを、はっきりと言っているのは、今〈生命の樹〉だけです。予言などには、地上天国は出来るとか、地上天国をつくらねばならないと言っているものはありますが、どうやってやるのかということを言っているものは、寡聞にして知りません。イエス・

キリストも心を改めれば神の国はくるとか愛を持ちなさいと言いました。だがこの終末のギリギリにおいて、愛をもつとは何をどうすることか、どういう運動をすればいいのか、そうしたらどうなるのかについては言っていません。とにかく我々が奮起して、みんなが勇気を出せる程度に悪の存在や地球の危機を伝え、その上でみじんも気を許さずやり抜けば必ず勝てるのです。

終末の尖兵《せんぺい》がいる

地球は宇宙の魂のごみ捨て場だと言われることがあります。それは太古のことですが、進化した他惑星で、その愛と奉仕のライフスタイルに従わない、どうしようもない者を監獄みたいに地球につれてきて捨てたという意味で、全くの嘘ではありません。ですから、地球には悪に誘惑され易い魂が今のところたくさんいるということです。だからじっと何もしないでいたら、そういう人たちは悪の方と手を組んでしまい、地球はだめになってしまうのです。今悪の勢力によって人間の動物化政策が行われており、ほとんどやられてしまっていますが、これもその一つの表れです。ですから魂のごみ捨て場にいる私たちは余程しっかりしないといけないのです。しかし、全人類が皆目覚められるように、今回の終末は手が打たれていますから誰でも目覚めることが可能なのです。それはいつも言うようにカルマの根が切られているということです。これによって宇宙の根源からカルマは来なくなっており、今地球上にあるカルマは人類が過去につくってきたカルマだけしかないのです。これは大変有難いことで、神界の援助を受けさえすれば、今あるカルマは必ず解消できるということなのです。それをやろうと言っているのです。愛と奉仕に生きること、そして団結すること、一つは黙想正座をやること、これをやれば神霊界の力が入ってくるので、そしてすでにカルマの根が切れているので、必ず地球上のカルマは解消できるのです。やれば必ず出来ます。そのためには尖兵が必要なのです。尖兵とは人が神として生きる、その生き方のモデル役をする人です。といっても、イエスは人間が神のように生きるモデルでしたが、あんなにすばらしい先導者の生き方は出来なくても、そんな大げさなものではなく、イエスのまねをして「人は神」という生き方をすればいいのです。人がデクノボーになればそれが出来ます。要するに五十三億人のモデルになる生き方を尖兵が決死ですればいいのです。そうすれば地球は救われます。地球は魂のごみ捨て場ですが、この尖兵がいれば、全人類五十三億人がパッと改心出来るようになるのです。そういう尖兵が千人に一人いるといっているのです。

こう言ったからといって、別に尖兵が偉いわけではありません。単なるでくのぼうで、ただ半歩だけ先にやる人です。二十一世紀以後は皆そういうふうに生きるのです。尖兵という役割は、過去のカルマによるものなので、単なる二、三百年前の計画によるものではなく、私は三億年前から決まっていたと言っています。

媒体の進化

人間の進化には、媒体の面と魂のモラル的な面との二つの面がありますが、媒体の進化を司っているのが天使（自然霊）で、魂の進化を司っているのがホワイト・ブラザーフッドです。媒体という体の構造の面では、天使方が営々とやってこられたおかげで、肉体は小宇宙と言えるほど進化し、幽体も今は完成にほど近い域まで進歩しました。

人間の肉体の精巧さはすばらしいもので、脳、神経系統、血液、内分泌腺などの働きや、また人間は二本足で歩き、手を使いさまざまな技術を生み出しており、動物からみれば人間は神にみえるくらいになっています。

こういう肉体の精巧さと共に、幽体の方も神に近いくらいに悪い感情をセーブして、良い感情を発揮できるほどに幽体のしくみそのものは完成に近いところまでいきつつあります。だから人間がもしその気を持ちさえすれば「我《が》」の心をセーブできる、つまり愛と奉仕に耐えられる程幽体という媒体が精巧になっているのです。ここまできたから地上天国も可能なのです。

同時に地球という物質的な大地も進化しています。自然界の進化と共に地球の魂も進化してます。我々人間とは比べものになりませんが、地球の主宰神自身も進化しているのです。というように地球も進化していて、今そのレベルアップの時にきています。それに合わせながら人間も、媒体、魂共に進化してきて、今レベルアップの時にきているのです。二十一世紀になると次元がアップして、肉体が光ってくるだけでなく、今まで発揮できなかった脳だとか運動機能も働くようになります。特に脳細胞は現在四パーセント位しか働いていないですから、これがアクエリアス時代にはずっと働くようになるので、誰もが知能指数がアップし、それと共に霊的な能力を発揮するようになります。人間の働かない脳細胞が九十パーセント以上も今あるということは、百パーセント発揮できるまで、まだまだ人間の進歩の未来はあるということです。だから、やる気をだしさえすればその日から、人相、容貌、性格すべてが大変化し、病気などもふっ飛びます。

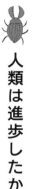

人類は進歩したか

媒体の面では人間は進化していますが、現実の人間を見ていますと、その魂の面、道徳的な面では昔より悪くなっているようにみえます。だいたい食物一つをとりましても、人工の添加物だらけの物ばかり食べていますから、血液は濁りめぐりは悪くなり肉体ばかりか幽体までも波動が粗くなって、魂が劣悪になってきています。犯罪の多さや低年齢化は昔と比べて目にあまるものがあります。また昔はなかったエイズが大流行して人類の未来を脅かしていますが、こういうエイズなどの悪いウイルスや細菌というものは悪想念を栄養源にして繁殖しているのです。ですから今いかに地球が悪想念で満ち満ちているかわかります。

しかしそれと同時に、非常にすばらしい魂をもった子供や青年が出てきています。新聞の投書などをみましても、戦争はいけないとかすべての武器を捨て愛に生きるべきだという子供たちがふえてきています。昔は大人も子供も戦争など当たり前のことと思っていましたから戦争はいけないなどと言う人はほとんどいませんでした。また青年達の中にはすばらしい善の意志をもちボランティア活動をする人がふえています。昔は立身出世が人生の目標であり、それを良いこととして誰一人疑う者はありませんでした。立身出世した人は英雄として崇拝されましたが、今はそんなものより自分を捨てて困っている人のために奉仕することの方がすばらしいんだと考える人が増えていてどんどん実行しています。

このように現実は、一方では戦前にはなかった悪徳がはびこり、また一方ではすばらしい善への意志をもった魂が増えています。要するに現在は「善はより善へ、悪はより悪へ」という終末の状況がはっきりと出ているのです。ですから道徳的精神的に悪い面からみれば現在は極限まできており、奈落の底だと言えますが、しかし一方には、かつてもたなかった人間の本物の生き方が精神的な光として現実に出てきています。つまりこれは進歩の前の、体をかがめた跳びあがるための姿勢なのです。進歩というのはなだらかな坂を登るように進むものではなく、階段のように一段一段、ポン、ポンと登っていくものなのです。個人における進歩も同じです。あるところまでいくと、ガタンと運命が開けて進歩しますが、そこに到るまでは、暗くおちこんだり悩んだり、或いは悪いことをやってみたりして、一度身をかがめるところがあります。それによって、ハッと気がついて前非を悔いて、パッと新しいものに目覚めて進歩していくのです。これが進歩の方法です。ですから今は終末で、次の次元アップの進歩のところまできつつあるので、うんと身をかがめていて、全体的にはうんと悪いものが出てきていますが、その中には跳躍するためのバネ、すばらしい面が内在的に出てきています。うまくバネが作用すれば跳びあがります。ですから人類は長い目でみれば進歩しつつあり、短い百年や二百年の目でみれば退歩したようにみえます。しかし本当は進歩しつつあって、まさに今跳びあがって進歩せんとしているところなのです。跳びあがれねば、前述したように宇宙までも破壊される大きな退歩の状況がおこりますが、うまくいけば宇宙も地球も大きな飛躍、次元アップを果たすことになるのです。

マインドコントロールはサタンの策略

最近はマインドコントロールとか、自己啓発ということが大変流行ってきていますが、これには危険が伴います。サタンの策略の一つにそれがあるのです。すでにやられてしまっている人類も多いのです。自分ではうまくサクセスの方向へマインドコントロールによって進んでいるように思いますが、実はうまくマインドコントロールされて滅亡の方へ行っているんです。また今は、チャネリングが流行っていて誰でもチャネリングのまね事ができるようになりましたが、これもやはりサタンの手でマインドコントロールされているのです。これはスピリチュアリズムを学ぶとよくわかります。チャネラーの相当部分はサタンの手で憑依されているのであって、こういうことは人類を動物化して滅亡させる方法の一つとして計画的に行われている策略なのです。これはある種の人間の手によっても行われており、また邪霊の手によっても、また悪宇宙人の手によっても行われています。現在精神病者が急に増えていますが、この原因の一つは、もちろん社会にストレスが増したことによりますが、もう一つは、サタンにマインドコントロールされているのです。これなどもう医学ではどうしようもないわけで、大学病院などでも手を上げています。これに太刀打ちできるのは「生命の樹」のスピリチュアリズムの中にしかありません。すなわちダルマの法、愛です。これだけがサタンのマインドコントロールにかからない手なのです。このダルマの法はスピリチュアリズムの七大綱領(注1)には抜けており、「生命の樹のことば」(注2)の中にしかありません。どのようにダルマの法を働かせるかはもちろん一つの問題です。ただ、すでにマインドコントロールされている人はダルマの法が自分で働かせられないので、他の人がお手伝いして目覚めさせるしか方法はありません。つまりいずれにしろ決死の愛がないとダルマの法は働かせられないし、決死の愛がないと地球は救えないということです。

（編注1）スピリチュアリズム七大綱領……霊能者でありスピリチュアリズム運動の指導者であったブリットン夫人が、自動書記によりロバート・オーエン（社会主義の祖と言われる）霊から受信した六か条を基に、一八九〇年、NFS（英国神霊主義者連合）設立の席上で発表し採択される。それ以後、スピリチュアリズムの一致した見解として用いられるようになった以下の七か条。

1、神は万有の祖である／2、人類は皆同胞である／3、霊魂との交通及び天使の守護がある／4、人間の個性は死後も存続する／5、自己責任の法則が存在する／6、地上すべての善悪の行為に対し死後に償いと応報がある（因果律の存在）／7、あらゆる霊魂は進歩向上する

（編注2）「生命の樹のことば」六か条（ネオ・スピリチュアリズム六か条）……西欧の近代スピリチュアリズムを日本に移殖した浅野和三郎、その後継者・脇長生の正統な研究の流れを汲む、桑原啓善によって、七大綱領をさらに前進させた以下の六か条。（詳細は『地球を救う霊的常識3』参照）

1、人は肉体の衣を着けた神です。／2、人は死後も生き続け、永遠に進歩向上します。／3、人が生まれたのは、宇宙進化の神の助手となるためです。／4、人の現在は、自分が過去にまいた種の寸分狂いのない結果です。／5、エゴの種を捨てて愛の種をまくだけで、自分と世界の未来が変えられます。／6、人は神になるまで輪廻転生を続けます。

哲人の道

真の哲人とは無私の心で、真理のためにひたすら真理を追求する人です。お金や名声や権威を求めず、ひたすら真理を求める人です。必ずしもその真理によって世の中を変えようとまではしなくても、しかしそれによって後世に大きな影響を及ぼし、人を助けていくことになります。これよりもっと理想的なのは、真の哲人であり、かつ真の仁者（愛の人）であると説いています。ソクラテスなどはそれにあたります。真理を探究しただけでなく、プラトンはじめ弟子たちを教育しています。しかしソクラテスは、家庭的には大変逆境にありました。妻が有名な悪妻で、そのために自分は哲学者になったのだとソクラテスが言っている程です。このように、真の仁者、哲人の生涯を送った人でも逆境の中に生きる場合もあります。また必ずしも夫が仁者哲人だからといって、妻もそうなるとは限りません。そこには前世からの色々なカルマもありましょうし、又ソクラテスにとって家庭的逆境という背水の陣にある方がより使命を達成できるということもあったかもしれません。とにかく自分の置かれた状況の中で一生懸命生きていけば、必ず自分の使命の道は開けていくということで、それが必ずしも、現世的幸福に見えるものとは限らないのです。ソクラテスは妻を変えることはできませんでしたが、後世の人々を変えていき、この方がよほど大きなことでした。もし真理の追究ができなければ、真の仁者になればいいのです。忙しくて勉強するひまがないと思ったら、よくばらずに仁者になればよいのです。仁者にはいくらでもなれますし、愛と奉仕で生きれば、そこからもちろんその仕事を通じて学んでいけば一事が万事で、仕事を通して真理を学び哲人にもなれます。しかし工夫したら十分でも二十分でも勉強する時間は作れるはずで、そういう努力をして勉強を始めたら道が開けます。それができなければ仁者になればいいので、仁者になれば立派なものです。そうすればそこから道が開けます。

宗教の欠陥

　多くの宗教の欠陥は、カルマを懲罰と解して愛と解さないことです。これは最大の欠陥といえます。口先では何とかかんとか教えていますが、ハラの中ではカルマは嫌なものこわいものと思わせています。これではカルマは消えません。カルマは愛です。これを知るためには七綱領の方のスピリチュアリズムでいいんです、人間は永遠に進歩向上するという進歩の法を知らないといけません。この進歩の法が宗教にはないのです。死んだら蓮の台《うてな》でうつらうつらするとか禅宗だと死ぬと神と一体となって空の中にいるとか、その程度です。永遠に神になるまで進歩向上するのだという法がわかると、カルマは進歩のための階段だということがはじめて分かるのです。進歩の法が本当に分からないと、腑《ふ》に落ちないとカルマが愛の階段だということが分からないのです。

スピリチュアリズムでいう永遠の進歩の法を知るためには、死後の世界とはどういう世界か、それはどのようにつくられているのか、そこで人間はどういう生活をするのか、そしてどういうふうに進歩していくのか、転生をどうするのか、というところまで分からないとなかなか進歩の法が腑に落ちないのです。だから宗教の人を説得するためには、やっぱりスピリチュアリズムをバカにせずに、死後の世界はどうなのか、どんな媒体を身につけ次にどういう媒体になっていくのかなどを勉強していかないとしょうがないのです。あんまり簡単すぎてバカにする人もありますが、そうすると一ばん肝心なことを逃してしまうのです。

スピリチュアリズムも進歩する

よく一言でスピリチュアリズムといってしまいますが、スピリチュアリズムも進歩しています。過去の七大綱領をエキスとするスピリチュアリズムでは、終末は救えません。霊魂はある、人間は永遠に進歩向上する、だけでは絶対救えません。これには愛、ダルマの法がないのです。自分のカルマも人類のカルマもどうやって解くのか、それが抜けているのです。それから再生の法も抜けています。生命には再生があるわけですが、これが抜けていると、現世の病気、悩みはすべて自分が現世で犯した不心得によるものだということになります。宮沢賢治のように愛に生きた人も五年間も病床にあり早世するのですから、これを現世で行ったカルマだと解するのは、やはり間違ってしまいます。人間というのは宇宙のはじめから生きているのですから、前世が何百回、何千回あるか分からないのです。だから前世のカルマというものが必ずありますから、前世を認めないとカルマは解釈できません。病気を現世で心がけが悪いからなったとだけ思っていたらいつまでたっても病気は治りません。だから再生の法がないのは欠陥であります。

もう一つ大きな新旧のスピリチュアリズムの違いは人生の目的です。七大綱領では、人間は進歩するために生まれてきたと人生の目的をとらえていますが、「生命の樹のことば」では、宇宙進化の神の助手になるのが人生の目的だと言っています。後者でないと自分一人の人生目的になってしまい、結局自己中心になってしまいます。というようにスピリチュアリズムも進化していくのです。

結局スピリチュアリズムは人類の飛躍、次元アップのために生まれたのですから、進歩しないといけないのです。そういう意味でシルバー・バーチもホワイト・イーグルもまさに終末に照準を合わせてスピリチュアリズムを説いています。たとえば再生は認めていますし、ダルマの法が根本になっています。シルバー・バーチは神の通路になれといっているし、ホワイト・イーグルは宇宙進化のために生まれてきたのだとはっきり言っています。それと比べると『霊訓』は一八七〇年代ですから、その頃に寸法を合わせて出てきていますから、再生の法もはっきり言わないし、ダルマの法もはっきり言っていません。愛と奉仕とは言いながらもそれだけで行けとは言っておらず自分の進歩をはかれとも言っています。ですからスピリチュアリズムを学ぶと言っても、進歩した方のバーチやイーグル、「生命の樹」のスピリチュアリズムを勉強しないといけないのです。

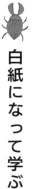

白紙になって学ぶ

「いかなる宗教宗派のドグマにも拘泥しない。（…それが真実であれば）一切の先入的偏見を排除して、千万人といへども吾行かんの概を以て、（…）勇往邁進《ゆうおうまいしん》する。」（二十九頁）ここに書いてあることはとても大事なことです。宗教のドグマにとらわれるのは一ばんいけないことです。サークルリーダーの方は、新しい方がサークルにこられた時、一番初めにまず白紙になってゼロからスピリチュアリズムを学ぶように言ってあげて下さい。絶対前の宗教の知識を出してスピリチュアリズムを解釈しようとしたらだめです。これをやったら進歩しないしスピリチュアリズムは分からないです。特に新興宗教の場合は、必ず宗教霊がきて働き、スピリチュアリズムに間違った理解を与え、最終的には疑問を与えてしまいます。霊的な内面から見ると、そういうことですので必ず宗教をめぐってきた人は全部捨てて白紙になってスピリチュアリズムを学ぶことをやって下さい。宗教ドグマというものはすごいもので、地球の宗教には皆あります。大宗教にもあります。宗教が悪いというのではなくて、地球の宗教には皆あるドグマがいけないのです。そのドグマには必ず宗教霊がからんで出てきて迷わせるので、余程の達人でないとひっかけられて疑問を持たされます。とにかく宗教にはドグマがありますから絶対に白紙になること、過去の宗教の知識や経験がいくらあっても白紙になり必死になって学ぶこと、これをやって下さい。

理性で判断する

理性で判断しなさいと言うと、頭で考えようとしますがとんでもないことです。頭の中には過去の唯物科学や宗教がいっぱいつまっていて、それに寸法を合わせて判断しても、それは理性とは何の関係もありません。理性で判断するとは私心のない魂で判断することです。それは地位も名誉も考えず、過去の先入見を皆白紙にして、ということで、それは霊の目で見るということです。理性というのは霊体の働きですから、この霊体が働くということは本体が相当働いていないと働かないのです。本体は愛と英知の媒体ですね。つまり日常から愛と奉仕で生きていないと、いざという時に、その人の理性は働かないのです。ですから普通の人が自主性をもったつもりで理性で判断したと思っても、本当は古い学問やエゴがいっぱいつまった脳みそで判断しているのです。だから本当に理性を働かせるためには日常から愛と奉仕で生きて、きれいな幽体をつくっておかないとできないのです。

こうして真に理性でこれは真理だと判断できた時、初めて「千万人といへども吾行かん」という気持ちが湧き出てきます。終末に必要なのはこの気概です。そうして終末でサタンを打ち破れる唯一の法がダルマの法です。なぜなら、理性の目で見れば、愛の他にサタンに勝てる法は一つもないからです。もしかりにサタンや陰の勢力がどんなに機械やテクニックで、マインドコントロール操作を仕掛けても、愛の人にはかかりません。波長が違うから同調しません。これは科学的法則です。ですから終局において愛がすべてを解決します。そこが分かればいいのです。そこが分かるためには平常から霊の目が働く人になっていないとダメです。そのためには、平常から一切の先入見を排して必死で命がけで愛と真理を求める人になることです。

スピリチュアリズムは教科書

エドガー・ケーシーを過去に勉強し信じている人がスピリチュアリズムを学ぶ場合、やはり過去に学んだことを捨てねばならないのかという質問ですが、やはりそれも棚の上に置いてスピリチュアリズムを学んで頂きたいと思います。ケーシーはすぐれた霊能力者だったと思いますが、しかしそこには理論がないのです。なぜそうなのかということを解釈する理論体系がないのです。波長の法則だとか媒体のしくみ、又愛によってなぜ人を変えられるか、という理論がないとだめなのです。そういう意味で、理論を言っているのは「生命の樹」のスピリチュアリズムだから、まず白紙でこの理論を学んで下さいと言うのです。ケーシーを読むなという意味では全然ありません。

ケーシーを読んでいた人にもそれによって働く霊はピンからキリまでありますす。守護霊が働いていることもあるし、反対にケーシーを利用して邪霊が働くこともあります。だからケーシー一辺倒できた人に、ケーシーを捨てなさいと言っても無理ですから、その時はスピリチュアリズムの理論でここがおかしいと言ってあげて下さい。言えばはっきり分かります。ケーシーを信じている人は、要するに前世を信じていたりチャネリングを信じていたりする人です。世の中のチャネリングにはピンからキリまであること、チャネラーで本当に前世が分かる人は非常に少ないこと、またケーシーだからといってその言っていることが百パーセント本当とは限らない。こういうことはスピリチュアリズムの常識で学問的事実です。それを言ってあげて下さい。つまりケーシーの言っていることは理性で考えてどうなのかということです。ケーシーは前世療法を随分やっていますが、あれはやり過ぎです。前世を教えて誰もかれも治すなど言語道断です。それはカルマをふやすことになります。必要な場合は前世は本人に分かるようになっています。また因果律を学べば自分で判断できます。だから、不必要に教えたり、それによって病気を治すことは、却って本人にとってマイナスになることが多いのです。今も前世療法が流行っていますが、あれが全部いいことだという行き方は、邪霊に逆にやっつけられます。

ケーシーにかかわらず、私の著書よりも、他の本を読んだ方がたしかにおもしろいでしょう。おもしろい実例やスリリングなことやきわどい霊的なことが色々書いてありますからね。しかし肝心なところが書いていないので困るのです。肝心なこととは簡単に言うと、愛と奉仕で日常生活を生きなさいということです。一ばん人のいやがるのは愛と奉仕ですから、それをやらずにうまく人生を生きたいと思うのですから。だから私の本はおもしろくないのですが、しかし肝心なのは愛と奉仕で日常生活を生きるということで、これ以外にないわけです。シルバー・バーチやホワイト・イーグルの結論も全くその通りです。ダルマの法、これでなければサタンには勝てないのです。

第5章 地球を救う霊的常識1

SPIRITUAL COMMONSENSE

テキスト『霊訓』からの引用

まことの神と、まことの神の為めに働きつゝある霊界の指導者と、を知らねばならぬ。

（三十五頁より引用）

（注）右の浅野氏の訳文は抄訳のため、桑原氏が左記のように正確に訳し直しました。

（地上の人類は）まことの神が愛であることと、まことの神と人間のために働きつつある霊界の指導者の存在と、愛と奉仕が人間の道であること、を知らねばならない。

地上は地獄の法則がまかり通る世界

インペレーターの分類法によりますと、地上界は地獄の上層に含まれます。実際地球では「憎まれっ子世にはばかる」とか「悪いやつほどよく眠る」と言われるように、悪人の方が善人より幅を利かしています。先日も、正義感の強い中学生が悪いことをした同級生に注意したら、逆に殺されてしまうという事件がありました。この世には地獄から再生したような未熟な魂もいれば、聖者と言われるような方も皆一緒にいるわけですが、総体的にみれば、やはり地獄の上層とみられても仕方のない状況であります。たとえば高級霊が地球に近づいてくると、ものすごく重苦しさを感じ悲しい気持ちになるそうです。そして頭の中はストップして鈍重になるそうです。それ位地上の霊的雰囲気は重く濁っているということです。こういう所で我々はえらくなろうとか立派になろうとかやっているわけです。そして結局地上では悪が力を持ってきました。権力とか暴力(武力)、お金の力、弁舌の力、知力のある者が権勢を得、善人はいつもバカをみるというのが現実です。なぜ、宇宙法則である愛が、地上では通用しないのでしょうか。なぜ地上では、愛の力より悪の力の方が強いのでしょうか。

地上とはおかしなことがまかり通る世界です。政治家が公約を破ったり、税金を国民のために使わなかったりしても、誰も大悪人とか詐欺師とは言わず、むしろ偉い人だとか有能な人といいます。そしてこそ泥や小さな詐欺師を捕まえては処罰します。国を売ったり人民をだます一ばんの悪人が、大手を振っていい生活をしているのですから、世間の人はいくら愛と奉仕が人間の道だとわかっても、腹の底ではやっぱり力を持つ方が得だと思ってしまうのです。いくらイエスや釈迦が愛と奉仕の道を説いても、そうだと頭では納得しても潜在意識でやはり力の強い者の方が得だと思っているので、こっそりうまく立ちまわったりして、なかなか愛と奉仕にいかないのです。せいぜいほどほどの愛までで、まれに本当の善人がでてくると命を失ったりします。ここに大きな問題があるのです。

地上は特殊な世界

今日は愛に生きよう、愛が勝つと思っていても、明日はころっと崩れてしまうのが地上というところです。これがあるので人間は何千年も何万年も愛の信念がもてずに悪が勝つ悪が得だと思わされてきたのです。だから地上は見方によっては、これほどひどい所はないと言えるし、又見方を変えるとものすごく有難い所なのです。つまり地上は他界とはつくりが違う、特殊な条件があるところなのです。

それを一言で言うと肉体があるということです。天国と地獄はいい世界と悪い世界というふうに天地の差がありますが、肉体がないということでは共通しています。ところが、地上は物質の肉体があるということで、特殊な条件を持っているのです。すなわち我々人間は肉体という鎖につながれ手かせ足かせをはめられています。だから地獄からきた未熟な魂も聖者も、肉体があるから同じ地上に縛りつけられ、物理的な力、暴力によって殺されることにもなるのです。他界なら物理的な力は働かないし、魂のレベルが高い人を低い人が追いかけることは出来ません。

また地上は肉体に縛られて動けない、物理的な力が使えるということだけでなく、物質があるということで色々他界とは違っています。他界では心があけすけに見えますが、地上では肉体によって心は隠せます。いくらでも服装や肩書きや地位や名誉で隠せるし、お金で買収してごまかすことが出来ます。弁舌や知能で言いくるめることも出来ます。政治にはマキャベリズムというのがあって、これは嘘と術策でもってごまかす政治のやり方をいうのですが、これでないと政治は出来ないとハッキリ言っていますし一般にまかり通っています。このように嘘がまかり通る世界が地上であり、それは肉体という物質を着ているからなのです。

それだけでなく、生きていくには物質を手に入れねばならないという条件が地上にはあります。お金がなければ食べられないし着られないし家も建てられません。それだけでなく、物を持つと非常に快楽が得られます。物質という物は、お金さえあれば権力も地位も得られるし買収もできるし、いろんな働きを物質はします。それに比べあの世に行くと、心が見透しで、愛を持った者が高い世界へ確実に行き、物質は全く価値がありません。愛のない者は低い世界へ行き、愛によって住む世界がはっきり格付けされるのです。

ところが地上では愛を持とうが憎しみを持とうが同じ世界に釘付けになって暴力まで使え、嘘が隠せるのです。だから愛に生きよう、愛が正しい道だとわかったといいながら、やっぱり暴力を使ったり嘘をついたり隠したり、金の力に頼ったりかき集めて快楽を得ようとするのです。
それは肉体というものがあるからなのです。

信念はエネルギー

愛が人間の生きる道だと思っている人は割合いるのですが、それだけではだめです。愛が必ず勝つのだという信念がないと、自分においても世界においても本当に愛が勝利することは出来ません。悪に負けるんだと思っているうちは絶対愛が勝利する時は来ません。地球の転換は出来ません。悪がなぜ強いのかというと、悪は得なんだ、強いんだという信念を持っているからです。愛は必ず勝つという信念を持ってその人が愛に生きる時、必ず愛は勝利します。なぜならば信念、意志力は力（エネルギー）なのです。だから悪が勝つか善が勝つかの分かれ目の一つは信念の有無なのです。

意志力、信念とは、善においても悪においても力です。だから宗教家は意志力の鍛錬のために難行苦行をしたり精神統一をしたりします。但し同じ信念でもいい信念と悪い信念があるわけです。いい信念＝愛の信念は他界ではどんどん向上して高い世界に入っていく力（エネルギー）です。信念が伴わない愛はずっと高い世界へは行けません。だからほんわか愛ではなく決死の愛を持つとずっと上へ行けるのです。つまりこれが意志力、信念の差です。逆に地獄では悪の信念が強い方が同じ世界では威張れます。そのかわりどんどん下の方へ落ちていき最後は『ワードの「死後の世界」』（でくのぼう出版刊）の陸軍士官のように闇の固まった泥沼のようなところで身動きできなくなります。つまり完全な敗北です。

ですから信念の力だけではだめなのです。意志力（信念）を強くするために、ヨガの修業でも何でもやりさえすればいいというのではなく、何に向かっての信念か、すなわち愛と奉仕に生きる修業をしないとやはりだめなのです。いくら意念の統制をやっても意志の集中力をやっても、ハートが善にならなければ何にもならないのです。だからといって信念のないホンワカ愛ではだめで、やはり信念という一つの力が必要なのです。物質をどう取り扱うかということになると、愛は力なのですが、もう一つその信念が必要なのです。

それでも人類は愛に生きられるか

これまでみてきましたように、天国と地獄は善の意志が強いことと悪の意志が強いことは逆の方向に作用します。しかしながらどちらも肉体がないという意味で、地上とは全然違うのです。地上は逃げも隠れもできないし、物理的な力もお金の力も働く、つまり地獄にもない厳しい条件の世界なのです。だから人はこの世ではこの世の法に従いうまく生きて、あの世に行ったらパッと切り換えて愛に生きるという生き方を結果的にしてしまうのです。死んでから後悔して、また地上に生まれかわってくるのですが、ケロッと忘れてしまってまたこの世の法則に従って悪に加担するということが多いのです。あのイエス・キリストは、ユダヤの大多数の国民から大悪人と言われて殺されました。最大の善人であるイエスが大多数によって大悪人と言われ殺されるというのは地上的な法則があるからです。現在も、現実世界はすでにハルマゲドンと言っていい大変な状況になっているのに、大多数の人はそんなこと知ったことではないという生活をしています。

ではどうしたらいいのか。そういう地上特有の条件があるなら、やはり地上的な法則に従って賢く生きた方がいいのか。でくのぼうになるのは本当にでくのぼうでバカか、ということになります。それでも愛に生きた方がいいのか、生きられるのか……。

アトランティスの滅亡は神の愛

アトランティス時代には、愛と奉仕の宇宙法則が生かされ、色々な真理が人々に行き渡り守られていたすばらしい時代がありました。ところが進歩した魂が外の惑星に大量に進化して行ってしまったため、新しく悪い魂がたくさん注入され、途中から霊性文明の退歩が起こってきました。アトランティスの最期には悪がはびこり、かつて英知によって発達させたすばらしい科学技術や新しいエネルギーや心霊的な法則を、天下を支配しようとした悪人たちが悪用したのです。彼らは支配しようとするだけでなく、そのために地球を破壊しかねないところまでいったのです。この点今と同じです。そこで神々はご相談なさって、アトランティスを海に沈め滅ぼすことにしたのです。大陸の陥没によって、多くの人々が死に、築かれた文明がすべて失われたわけですが、神様にとってはやむを得ずなさったこととはいえ、別にひどいことをしたとは思っていないのです。『ジュリアの音信』（でくのぼう出版刊）にもありますように死を悲しむのは人間世界のことであって、神の目からみれば肉体の死はどちらでもいいことなのです。それより神にとって唯一つ大事なことは魂がよくなること、魂が幸せになることなのです。それが本当の人間の幸福ですから。すなわち人間の肉体は着物にすぎず、魂こそ不滅なのですから。ところがその肉体を後生大事にひっかかえて、それればかり大切にしてそれに物いわせて生きているのが我々地球人なのです。神の目からみますと、ここがずいぶん我々人間の狂っているところではないでしょうか。

今回の終末におきましても、地球を今の人類が滅ぼすことになるのなら、神は又再びアトランティスの二の舞をおやりになるかもしれません。今度の次元アップが成り立たなければ、地球にとって最後であるばかりでなく、地球は破滅です。宇宙にとっても大きなマイナスになりますから大変です。地球人類が今目覚めなければそうなります。

霊の目でみる時愛は必ず勝つ

人間とは霊ですから、神の目からご覧になる時、人間の魂を進歩させることが善であり愛であるので、その進歩のためにすべてをみて導いておられます。それが神の愛です。本当に我々の魂が救われて愛になる時、我々の本当の進歩と幸福があるのですから、その魂の進歩だけをみておられるわけです。そこが人間の視点と違うのです。肉体を自分だと思い肉体が宝だと思っているところに、人間のすべての間違いが出てきます。この神の目で見た人間の真実を私は（編注・機関誌）『生命の樹』五月号（平成四年）の講話にゲーテの『ファウスト』をとりあげて書いたのです。

『ファウスト』がなぜ世界最高の文学作品と言われ、ゲーテが世界三大詩人の一人と言われるかといいますと、あの『ファウスト』の中に人間の本質である善と悪の闘いというものが見事に描かれているからです。あの中でファウストがメフィスト（サタン）と取り引きして青春に戻りマルガレートという少女と恋をします。その恋のためマルガレートは不幸になって、遂には自分の母と兄が死ぬ羽目になり、マルガレートは我が子を自分の手で殺すことになってしまいます。地上的な大罪を犯すわけです。そして牢獄につながれます。つまりマルガレートは人間として、どういういきさつがあったにしろ罪を犯し悪を行ったわけです。ファウストは牢獄からマルガレートを救い出そうとするのですが、マルガレートはそれを拒絶します。そして遂には気が狂って死刑になって死んでしまいます。まさにこれは人間的な大悲劇なのですけれども、そこへメフィストが出てきて、〝どうだ、私の勝ちだ〟と言うのです。すると天から声がかかって「娘は救われた。」と言うのです。神の目からすると娘の勝利なのです。マルガレートは己が罪を背負って悔い改めて、自分の肉体を滅ぼすことによって罪を償ったのですから、ですから魂の勝利なのです。神の目から見ると魂が償いをして進歩することの方が勝利なのです。そして救いなのです。このように人間は善と悪の闘いを通じて魂が進歩していくようにできていると、ゲーテはそこで言っているのですね。

このように神の目からみると肉体が死ぬか死なないかということは、どちらでもいいことで、魂が救われるか救われないか、それだけが本人の幸福であり進歩である、又世界の進歩であるという価値観なのです。ところが人間は逆に、肉体が救われるか救われないか、肉体がいい思いをするかしないか、肉体が勲章つけるかお金持ちになるかどうかということばかり気になるのです。そこのところで人間は、神の目指しておられる魂の幸せ、人間が愛をもつという生き方と逆の生き方を常にしてきたというわけです。

寸分狂わぬ因果律

生命は永遠であるということが分かると、必ず愛は勝ち悪は破れるということがはっきりわかってきます。これは個人の問題でみてもよくわかります。人生八十年という見方でいきますと、悪が勝つようにみえます。悪人が立身出世していい生活をして生涯を送ることはままあります。しかし一代の栄耀栄華を築いた豊臣秀吉などは死ぬ時どたん場にきて、自分の人生はつまらない夢だったと辞世の歌で「つゆとをち　つゆときへにし　わがみかな　なにわの事も　ゆめの又ゆめ」と詠み後悔しています。一生涯気づかない人もいますが、しかし早い人は八十年待たずに、十年二十年で勝負がつきます。早い人は一年で答えが出ます。このように悪が勝つということはどんなに長くても八十年で、大抵はもっと早く破滅がきます。八十年うまくやり通したとしても、あの世に行くと関門があって走馬燈のように自分の生涯をみせられます。そこで百パーセント裁定が下されて、悪が勝ったと思った者は最大の敗北者で、地獄の下の方へ行く定めになっています。ここで分かるのです。

しかし、あの世のことはあの世でいいさ、この世はこの世の生き方で生きると思う人もあるかもしれません。でも再生ということがあるので、そうはいきません。次に再生する時は、必ず己が罪を背負って出てこなければならないのです。必ず自分のやったことが裏返しになってでてきます。寸分違わぬ因果の法とはそういうことです。そうなったら完全敗北です。悪をやって勝ったと思ったら、今度はその悪で自分がやられるのです。悪をやると必ず人生は敗北するようになっているのです。それが肉体八十年の目でみると分からないのです。あの世の裁きがわからないし、再生して生まれてくる寸分狂いのない因果律の次の自分の人生がみえないからです。人間が霊魂だ、永遠の生命だということを知る時にはっきり分かるのですが、人間とは肉体だと思っている間は、いつまでたっても、くり返しても分からないのです。ですから魂のヒーリングとは、人は霊、人は永遠の生命と気づかせてあげることだというのはそこなのです。根源はそこにあるのです。

このように愛が平和と幸福の原理であるし、愛は必ず悪に勝つのです。これは霊の目で再生から見通す時、すべてわかるのです。

今人類の総決算の時

肉体があるということは、とても愛に生きるには難しい条件ですが、しかし英知をもってみる時愛が勝利する、愛が本当の道だということは分かってきます。今まで愛が勝てなかった、勝てない地球が続いてきたということは、愛に対する信念がなかった、信念を持っている人が少なかったからです。信念をもって生きる時必ず勝利するのですから、今こその信念を活かす時が最後にきたのです。決死の愛、これがでくのぼうですが、宮沢賢治はまさにこれを実践してみせてくれました。

ところが著名な詩人、評論家の或る賢治研究者などは、賢治は大失敗をした、羅須地人協会の三年間（賢治が教師をやめ無償で農民のために献身した時期）は大失敗で、農民の生活はちっとも良くならなかったし農村の改革もならなかった。それは賢治が労働の理論も経済のことも何もしらなかったからだ、結局賢治など大した人間ではないと論じており、それが世間では大いに受け入れられております。これは全く賢治を見ていない節穴の目です。今、賢治の文学と生き方がどれだけ評判になっているか、どれだけ世の中に大きな力（エネルギー）を発しているか、これは世界まで変えます。あれだけすごい生き方をした、革命をした、力を発揮したのに、それが見えないのです。現実主義的な目でしか物を見ない、そういうものが今まであたり前にまかり通っていたのです。そういう世の中なのですね。

しかし今、最後の総決算がきています。色々な宗教では最後の審判という考えがありますが、つまり善と悪が闘ってきて最終的な結末がいつかくるというのですが、今その結末の時がきたのです。アトランティスの滅亡によってもち越されたカルマもあります。あの時悪いカルマをもった人たちが何回もの再生で目覚めた人もいますが、まだたくさん、あの夢をもう一度と再生してきている人がいるのです。またアトランティスで遂に愛に生きる人が勝てなかったので、その人達はここでもう一度闘って勝たなければならないのです。愛は悪にどうしても今回は勝たねばならないカルマがあるのです。しかし、アトランティスで悪で地球を支配しようとして最後に陥没した人々は、今度こそ支配しようというカルマがあって、だから決死できています。すでに手を打って準備しているのに、善人ばかりが今だホンワカしているのです。

しかし神さまは今回の終末において、人間が三年間は続く大艱難によって目覚めるよりも、その前に目覚められる道を用意しておられます。それが「でくのぼう革命」の道です。この道をやっていけば艱難少なくすべての人が目覚めるのですが、そのためにはまず十四万四千人の人々がまず目覚めることです。これが目覚めないと火がつかないのです。そのための具体的な方法が「もう一冊運動」（編注・真理普及のために本を渡す運動）なのです。これを百人のでくのぼうたちが中心になって進めていくということなのです。この時、思いがけぬ奇跡が起こってきます。それしか道はありません。しかし神さまは人々が目覚め易いように仕掛けをしておられます。それが私がいつも言うように、一つはカルマの根が切られていること、そして霊界に新しい地球の原型が出来ていること、そして人間の媒体そのものが目覚められるだけのところまで進化している（魂の進化ではない）ことです。あとは千人に一人の火つけ役の目覚めだけなのです。これが今、でくのぼう革命における最大のキーポイントなのです。

終末は人類の総死刑

以前死刑囚の教誨師《きょうかいし》をしていた方から聞いたのですが、死刑囚も最後はころっと仏さまみたいになるそうです。そういう死刑囚の手紙も見せてもらいました。人殺しを悪いことだとちっとも思ってなかった死刑囚が死刑執行の宣告を受けてから狂気のように何日間か暴れて、そのうちパタッと静かになって虫も殺さなくなるそうです。だから人間が生死の断崖に立つということは、とても大きなことなのです。まさに今度の終末は死刑なんです。人類は地球の資源を全部食いつぶし、毒をまき散らし破壊して、何度戦争をして人殺ししたか、麻薬やエイズをふりまいてどれだけ堕落してきたか、悪いことばかりして親不孝でならず者で食いつぶし者で殺人者で詐欺漢で、どれだけ大罪悪を犯してきたことか、だから総死刑になっても仕方ないのです。果たして死刑囚のように改心できるでしょうか。カルマの根は切られていますから、改心し易くなっています。また執行の宣告を受ける前に改心すればいいわけですが、死刑囚にも中には死刑宣告を受ける前に改悛する人がいるそうですから、それを今やろう、やる方法があると言っているのです。

霊を受け入れない現代社会

　ここで（三十一～三十六頁）インペレーターも浅野先生も獄舎制度、死刑制度、それに教育制度が悪いと指摘しています。すべて霊があるということに気づかなければ、どうしても根本的に変わらないのです。問題はそこのところにあります。それに学校で霊はあると教えるとメシの喰いあげになる人がぞろぞろ出てきます。学者もお役人も政治家も、すべて権力を持っている人はだめです。ダメにならないのは貧乏な庶民だけです。ですからスピリチュアリズムの教育をするということは非常に難しいのです。このような状況の中では家庭教育が一ばん大事です。すべて教育の基本は家庭教育なのです。小学校に行くまでの乳幼児の教育で、心霊教育をやっていけば随分違います。ところが今は逆の唯物的な乳幼児教育をやっているという状況です。

いわゆる学界などで心霊が受け入れられない根拠にいつもあげられるのは、ユーサピア・パラディノの物理現象実験の詐欺事件です。もう一つはウォルターの指紋です。この指紋こそ霊の存在を証明する決め手なのですが、フージニーという魔術師が詐欺だとデマを言いふらしたのが元になっているのです。この二つを一部の学者が金科玉条に振りまわして、だからすべての心霊現象は詐欺だと言うのですからまことに愚かなことです。（[注] ウォルターの指紋は、警察鑑定でウォルターのものであることが証明されている。またフージニーは死後、霊界通信で前非を悔い、かつ自分の死後生存を証明した。）

もう一つ問題なのは、今世の中に霊的なことが迷信的にはびこりすぎていることです。これも現代社会にきちんと霊的なことが受け入れられない弊害の一つになっています。

☆愛と奉仕が人間の道

［浅野氏の抄訳］

まことの神と、まことの神の為めに働きつゝある霊界の指導者と、を知らねばならぬ。（三十五頁一～二行）

正確な原文の直訳

まことの神が愛であることと、まことの神と人間のために働きつつある霊界の指導者の存在と、愛と奉仕が人間の道であることを知らねばならない。（桑原訳）

一番肝心な決め手のところを浅野先生は簡単に訳してしまっています。ここで非常に重要なことを言っています。神は愛である、そして人間の道は愛と奉仕であると、これを知りなさい、それだけではなく霊界には高級霊がいて神と人間のために働きつつある、そういう指導者がいるのだということ、この二つを知りなさい、これを知ってから初めて人間は進歩が起こってくると、そういう重要なことを言っている所です。

ダルマの法が抜けている七大綱領

浅野先生の抄訳に神は愛であるということと人間の道は愛と奉仕であるという一番大事なところがなぜ抜けてしまったのかというと、浅野先生の立場はまだダルマの法がなかったのです。つまり欧米のスピリチュアリズムにはダルマの法がないのです。浅野先生は欧米のスピリチュアリズムを日本に植え付ける仕事をされたので、欧米流に従ったのです。もともとスピリチュアリズムの七大綱領にはダルマの法はなくて、霊性進化、魂の進歩が人間の道だという考え方です。愛と奉仕が人間の至高の道ではなかったのです。魂を進歩させることが人間の道だというのが今までのスピリチュアリズムの考え方なのですが、しかし愛の法がわからないとでくのぼう革命は出来ないのです。愛でしか変革できないのです。七綱領の自分の霊性進化だけでは地球は救えないのです。

すなわち愛とは宇宙法則なのです。宇宙には宇宙どこに行こうとも守らねばならない原則が一つだけあります。愛によって自分も救われ人も救われ、世界も救われる、すべて神のようになる、地上天国になる、これが宇宙法則なのです。この一ばん肝心なことを過去のスピリチュアリズムはすっぽかしてしまっています。

何故抜けたかというと、一つの原因は再生を認めなかったからです。人生八十年だけでみていくと、どうしたって愛が弱くなってしまい、進歩向上だけが目的になってしまいます。アラン・カーデック（『霊の書』）は、その点最初から再生の法をはっきりと打ち出していますが、しかしあれにもダルマの法はあまり出てきません。それは再生をあまりにも過重視して、全体的に生命の法をみていないからです。

再生の法がわかってくると、因果の法がはっきりわかってきます。過去のスピリチュアリズムも因果律を認めていますが、「寸分狂いのない因果律」とは言っていないのです。多少融通のきく因果律なのです。あれだとあいまいになってしまい本当の因果律を守らなくて全然だめなのです。これ位でもいいのじゃないかとか、あそこではちょっとズルをしようとかでてきてしまって、一瞬づつ利他か利己かを選択していくという厳しさまで、どうしてもいかないのです。その方が楽ですから。そのために本当の因果律がわからないから、本当の愛がわからないのです。因果律が、寸分狂いのない因果律が愛なのです。それが人は神だということです。寸分狂いのない因果律があることが人は神だということ、あの人も私、この人も私、物も私、だから寸分狂いのない因果律がでてくるのです。

SPIRITUAL COMMONSENSE

第6章 地球を救う霊的常識1

テキスト『霊訓』からの引用

悪霊の憑依――地縛の霊魂は、依然として彼等生前の情慾と、性癖の大部分をそのまゝ保有して居る。彼等の体的慾望は、毫《ごう》も消えた訳ではないが、たゞその慾望を満足せしむべき機関がない。そこが彼等の大いに煩悶焦慮《はんもんしょうりょ》する点である。

（三十九～四十頁より引用）

霊媒について

イギリスなどキリスト教の国と日本とでは霊媒に対するとらえ方が歴史的にみると大きく違います。ヨーロッパではいわゆる奇跡を行う霊媒はサタンのしわざを行うものだとされました。神の言葉、御業を行うのは神の子イエス・キリストだけだというキリスト教の考えによるもので、霊媒はヨーロッパでは迫害を受け、イギリスでは第二次大戦後しばらくして大変な国会闘争によって魔女条令という法律が廃止されるまで霊媒は法律で罰せられました。

日本はその反対です。神と通ずる方法として昔から鎮魂帰神法が正しい方法だと認められていましたから、神がかりは何でも神のしわざなんだと考えがちだったのです。ヨーロッパでは神がかり（霊媒現象）はすべてサタンのしわざだと考えたのに比べ、日本では猫もしゃくしも神だと考え、尊ばれ崇拝されました。ヨーロッパと日本とでは両極端ですが、どちらも間違いであるわけです。

『続・霊訓』を読みますと分かりますが、霊媒現象の大部分は低級霊のしわざです。要するに現在までの地球上の神がかりの多くは低級霊であり、一部邪霊もあるということなのです。ですから神智学などはスピリチュアリズムは低級霊ばかりと交通しているから低級なものなのだと断定しますが、一概にそれを否定しきれない点もあるわけなのです。しかし、低級霊ではない、非常に高級なものが一握りあるわけで、そこが神智学が決めつけるのとは違うのです。その高級なものだけを集めて客観的に総合して、個人的なミスや主観的な誤りを除き、優れた法則だけをとり出したものがスピリチュアリズムであるのですが、そこのところが神智学は分からないのです。

チャネリング流行の弊害

現在の世の中は大変なチャネリングばやりで、これは日本だけでなくアメリカはもちろん世界的なもので、チャネラーといえばものすごく尊崇されています。こういう現在の手放しの霊能現象賛美は大変危険なもので、人類の破滅的な弊害を生んでいます。バイブルには終末には偽預言者、偽キリストが氾濫するとありますが、今がまさにそれでいまだかつてない、人類の息の根を完全に止める程のことになるのです。

なぜかと言いますと、低級霊、邪霊がはびこることになるからです。一番人類を滅ぼそうとしている邪霊、サタンがいるわけですから大変です。更に今の終末にはこれ迄になかった最も狂悪なるものが解放されています。これが入ってきています。だからテレビで奇跡的なことをやってみせたり、前世を語ってみせたり、病気をパッと治してみせたりしていますが、あのほとんどは神からのものではありません。大部分は最も恐ろしい逆の者です。皆まんまとのせられているのです。本当の神さまはあんな奇跡めいたことは、あまりやらないものです。奇跡めいたことを起こしてみせるのは大抵逆の者で、それらは華々しく霊現象を起こしてみせて、理性を失わせて人間を破滅に至らせるのです。奇跡や超能力に頼らせて、愛と奉仕の生活を手抜きにさせるのです。ところが愛と奉仕の生活を手控えると、これが完全な破滅なのです。

でくのぼう革命は愛、ダルマの法が唯一つの世界を救う法だといっています。サタンを切るのはダルマの法しかないわけで、他のいかなる力も皆サタンに奪われています。知力も権力もすべてサタン側のもので、それらでは絶対サタンは切れません。唯一サタンのもっていないもの愛、ダルマの法によって切ることが出来るのですが、ダルマの法を実践するのが日常の愛と奉仕なのです。これは一人の人が実践してもだめで、人類の過半数の人が実践する時に初めてサタン改悛事業が現実に行われて、地球の逆転が起こってくるのです。その愛と奉仕をやらさないために、今チャネリングがさかんなのです。もちろん全部が悪いというわけではありません。中には霊的なものの存在を示すためにやっているものもありますが、しかし神の言葉を語る、奇跡的な超能力を発揮する、奇跡的な病気治し、前世占いのすばらしいもの、それらの相当部分は丸反対のものです。反対の目的——人類をほろぼすという目的をもったものが活動しているのははっきりしたことです。だから今こそスピリチュアリズムの冷静なる目で、つまり法則の目で霊的なものを見ていく、判断していくことが、今程必要な時はないのです。その点浅野和三郎先生のお書きになった『神霊主義』は今でも宝ものです。

もちろんそれだけでなく「生命の樹」の生き方、愛と奉仕の生き方が、サタンをやぶることのできる決め手の生き方で、これが地球を救う決め手です。しかし「生命の樹」の生き方に賛同し実践している人はまだ一握りです。これでは地球が滅びますから、早くこれを三年半のうちに十二万人に伝えなければいけないのです。でないと私たちはサタン側に負けます。

最も狂悪なる者の解放

今回の終末は地球の次元アップです。言い替えると、地球の悪がすべて消える時なのです。つまり私たち個人のカルマを全部解消しないといけないわけで、私のカルマもあの人のカルマも向こうで遊んでいる人のカルマも、それから地球に巣くっている悪すべてを白く変えなければいけないのです。そのためには全部出すのです。我々が養ってきた悪すべてを出し、解消しないと次元アップできないのです。解消するためには放たねばならないわけで、だから恐ろしい時期にきているのです。

そういうわけで、今サタンより恐ろしいものが解放されています。サタンはキリストと並ぶ神で、これは改悛して下さり、地球から手を引いて下さるのです。しかし神であるサタン以外に私たちの手には負えない別の悪が存在するようです。それは今まで地球の奥に幽閉されてきたのですが、この終末において解放されるのです。解き放ったのは我々です。それをこれまで温存させ養ってきたのは我々のエゴイズムなのですから、消滅させるのも我々の責任です。ただし、これは人間の力だけでは手に負えないものなので、我々が神々と協同して排除するほかありません。これは何かといいますと、宇宙的な悪の勢力といいますか、最も邪悪なもの闇そのものといったらいいかもしれません。この宇宙には二種類の光があります。一つはいわゆる光、神の白光です。もう一つは不調和の光、闇の光で、これがいわゆる闇そのものとか混沌というものです。

サタン改悛が行われて私たちが逆転すると地獄の霊もいなくなります。そうなるともう手出し出来なくなってこの闇が消滅するわけです。あるいは去るかもしれません。闇が消え光になるということです。私たちはそういう恐ろしいものの存在を知らないし見えないし気づいていません。だから平気でこうやって食べたり遊んだりしているのですが、真実はそういうものとそこまで闘わなければならないのです。今回の終末は地球の最後の周期であるし、宇宙の転換の周期にきているのでどうしても次元アップしなければなりません。ですからどうしても地球最後の悪魔まで光に変えてしまわないといけないのです。だから決死でないとダメだというのです。

十四万四千人の尖兵

終末について色々言っている予言書や宗教は沢山あります。しかし地球全体を一瞬にして救う方法があるということは、今の地球の人々にはわかっていません。宗教も、こうやれば自分は救われる、終末においても自分は助かるということは言いますが、地球全体を一瞬にして転換させる方法があるということは、おそらくでくのぼう革命だけではないかと思います。でくのぼう革命をするには、どうしても十四万四千人の尖兵が必要です。この尖兵である人々は、でくのぼう革命という方法があるんだということを伝えれば、必ず目覚めます。しかし、まだこの人々はそういう方法があることを知らないのです。ですからあと三年半の間に伝えなければならないのです。日本にいる千人に一人の尖兵となる人は伝えさえすれば、すぐ分かって、そして勉強し地球上に広げてくれるのです。この十四万四千人の尖兵とは何かといいますと、実は今回の終末は宇宙的なカルマまで解除しなければいけません。だから宇宙にかつて私たち人類があった時につくったカルマまで、この地球上で解消されなければならない状況なのであり、これは宇宙的な変革です。だから日本人の中にいる古代リラ人の子孫である十四万四千人というのが問題になってくるのです。この十四万四千人でないとどうしても宇宙的なものには対抗できないのです。カルマをもっていますから。このカルマというのが大事なのです。過去の宇宙で闘った善と悪の闘いの決戦を、今回終末に地球で行わなければいけないのです。ですから闘う者はやはり古代リラ人の子孫である十四万四千人です。これはカルマの総決算です。

では十四万四千人の尖兵はどういうことをするのかといいますと、愛と奉仕の生き方を基本にすれば地球は救えるのだ、これをやらなければいけないという生き方をする人です。しかし、自分だけ変わればいいというのではだめです。これを地球上に広げ全部の人が変わらないといけないのです。自分だけ変わればいいんだという愛と奉仕は弱いもので、これでは地球は救えないし、その人は十四万四千人のワクには入りません。地球人すべてが、地球全体がそうならないといけないいんだと思っている人にして、初めて神の通路になるのです。

今は、神霊界の総力をあげてきておられます。ですから神の通路となる者がでてきて、神霊界の力が現実に物質地球に注がれることを望んでおられるのです。しかし愛と奉仕の個人の力では大きな神の通路とはなり得ず、その力はとても小さなもので地球を救うほどのことはできません。私たち多くが神の通路となる時、はじめて我々を通って絶大なる力が入ってくるのです。その力が地球を変革していくのです。地獄までも変えていきます。その大きな神の通路になるには、自分だけ愛と奉仕していればいい程度ではだめで、地球丸ごと変えるにはどうしてもこれを皆に伝えなければいけないんだという人にして、初めて神の大きな通路となって、神の大きな力を伝えるのです。ですから「もう一冊運動」がいかに大事なものであるか、ここのところから分かっていただきたいのです。

現代知識人の根本的誤り

ＰＫＯ法案をめぐって、自衛隊の是非や憲法第九条の解釈等に関する識者と言われる方々の判断を伺いますと、私たちから見ると皆さん間違っています。誰もが戦争はいやだ、あったら困ると思っています。けれども国は守らねばならない、それなら何で守るかというと、やっぱり武力だと思っているのです。敵が攻めてきた時武力がないと国は守れないからと思いこんでいるのです。そこが根本的な間違いです。武力は相手を殺すだけではなく、自らをも破壊するエネルギーなのです。それが皆分からないのです。

これを裏返すと、愛というものが建設の力である。敵が攻めてこようとしても来れなくする力であり、仮に攻めてきてもその害を受けない力であります。たしかに、敵が攻めてきた時武力がないと防げません。しかしそれは、攻めてくる前に愛の政治・経済・外交がなかったから、そうなったのです。要するに愛こそが防衛の力であるし、愛こそが建設の大きな力《エネルギー》だという真理を識者達は知らないわけなのです。だから戦争はいやだし愛は結構だと思いながら、やっぱり国を守るためには武力は必要だと考えるのです。

この根本的な間違いは、要するに霊魂の存在を知らないからなのです。我々が霊であること、霊的なエネルギーが存在すること、想念、思想というものがエネルギーであること。この想念エネルギーが生活・文化・政治・経済と形をとって現れるのだという真理を知らないためです。要するに愛の想念が建設のエネルギーであり、武力の想念が世の中を破壊するエネルギーです。これは不変の真理です。このような誤りを犯したのは、要するに人間は肉体で物質しか存在しない、想念は大したことはない、霊なんていないという現在の世界をおおっている唯物主義の文化、そして学問、この学問が一番悪いのです。現在の学問、宗教には完全にサタンが入っています。ユダヤの（編注・シオンの）議定書をみますと、はっきり我々は科学を使って、科学の名において非ユダヤ人をまるめ込みやっつけているのだと書いてあります。ダーウィンもマルクスもニーチェも皆我々がやらしたと言っています。科学は本当は別に悪いものではありません。しかし今の科学には全部サタンが入っていて裏で操っています。そして唯物主義をすすめてきたのです。

今の識者とか指導者といわれるような人は、科学を口にしないと軽蔑されたり迷信家扱いされてしまうので、一番の権威者である科学を無批判で尊重します。そうすると唯物主義を守らざるを得なくなって、人は肉体だと言うのです。そうすると想念なんて大したエネルギーではない、武力が守る力だということになってしまうのです。このようにして学問というのは、今残念なことですが非常に悪いのです。

サタン文明は四千五百年前から始まった

学問特に科学にはサタンが入ってきた、これは人類文明五千年の誤りであるということを、私は昭和五十一年に「詩人は予言者か――ネオ・シュルレアリスムについて」(拙著『私見 宮沢賢治・その外』所収)(編注・現在は『宮沢賢治の霊の世界』所収(でくのぼう出版刊))に詩論のかたちで書きました。これは、私の歴史研究の結果到達した結論を、広く知って頂くため、ドラマ風の書き方で詩論として書いたものです。その中で一番悪いのは学問と宗教だと言っています。学問(科学)は近代に入って、サタンにとりつかれ、今や戦争と金儲けの手段に化しました。宗教はどこの国でも、神を寺院や教会の中に閉じ込め、窒息させ、僧の占有物、教団の売り物、宗教はドグマの巣と化しています。学問・宗教・芸術という三大文化の中で芸術だけが多少罪が軽いのです。その中でも詩は一番商売道具にならないし、誰からも無視されているから一番罪が軽い。だからサタンが入っていない詩を通じて世界を改革しなければいけない、ということを訴えたのがあの論文です。

あそこにはサタンがでてきます。人類五千年の迷いがつくったサタンが実際に頭にコンピューターをつけて、原爆を手に持って、ロケットに乗って出てきます。これは科学の力を使って地球を滅ぼそうとしている本物のサタンです。まさに今、あの中で言ったような世の中になってきています。学問も宗教も芸術もみなサタンにやられて、人間はサタンの虜となって唯物主義となり、今滅びそうになっています。

そのサタン文明からの脱出をどうしたらできるか、人類の救いについても、あの書はハッキリ明示しています。すなわち人間が神であることを想起すること、それによって救われると。それは今までの知的な文明、つまり知性（差別や計算）を大切にする文明からハート（魂の浄化）を大切にする文明、つまり心の文明に転換しなければダメだということです。

言い替えると頭のいいやつがいい大学を出て立派な人と思われ支配者となる社会。それは黒を白と言いくるめ白を黒と言いくるめることの出来る社会。それは金もうけしたり、人をだまして、自分の都合の良い思想や文明を作って支配できる社会。それはハートはどうでもよい、頭が良ければ支配者となる、知恵文明社会です。それは良いように見えながら、実は破滅の文明です。なぜかというと、嘘が知恵と金と力をバックにまかり通るから、必ずサタンが憑依する、サタン支配社会だからです。

これをうまく使っているのが一部のユダヤ人やエリートたちです。これに替わって神につながる文明でないといけないのです。つまり心を浄化する文明、ハートの文明です。頭のいい人が支配する文明からハートのいい人が支配する文明にならないといけないのです。そうなるとサタンとの縁が切れて人は神とつながります。そのためには、人間が神を思い出し、「人は神」であることを思い出して、そういうふうに生きないと駄目です。そのとき人は神とつながり、その莫大なエネルギーを受けて、その力によって初めて世界が浄化されます。またサタンと手を切ることができるということです。

この論文は十七年前（昭和五十一年）に書いたものですが、なぜこういうものを書いたかと言いますと、私はその頃から地球の危機というものをものすごく感じていたからです。ごく一部の人は認めてくれましたが、ほとんどの人はこの論文を無視しました。しかし時代は書いた通りに進んできました。当時はスピリチュアリズムをいわずに書いたので、大変難しかったのですが、今あれと同じことをスピリチュアリズムでもっと楽に語ることが出来るようになりました。あそこでは、人が昔の自分の（神の）顔を思い出す時に救われると言いましたが、今〈生命の樹〉では「人は神だ」ということを我々が知って、そういう生き方をする時に、ダルマの法によって世界も自分も救うことができるのだと同じ結論を言っています。

シュメール文明にみる理想の文明

人類史上四千五百年前からサタン文明になったという根拠は、私のささやかな歴史学の研究によります。シュメール人というのが六千五百年前から歴史上に現れ、メソポタミアに文明をつくっていました。これは神殿経済といって神のお社を中心にして、聖者と言われる神官たちがグループでもって共和制を行っていたのです。生産物はすべて神殿に集められて神のものだったのです。土地も神の所有ですから皆借りて耕します。工場も神殿の境内の中にあり、皆そこにやってきて働いて、出来た物は神のものです。商売も皆神殿の境内で行います。そのようにすべて神の許で行われ、そして聖者の神官たちが皆に等しく生きるように分配したのです。だから戦争もなく実に平和だったのです。これをシュメール人の神殿経済時代と言って、歴史上では六千五百年前から四千五百年前まで続きました。しかしこのシュメール人は実に不可解な民族で、どこからきてどこへ去ったか分からないのです。最近では、これは或る宇宙人に文明を教えられて急に文明をつくったのだと言われたりもしますが、そういうこともあったかと、私は以前から考えていました。

このシュメール人の神殿経済組織が崩れ始めるのが四千五百年前頃です。なぜかというと、王様というのが発生してくるのが四千五百年前です。外敵が攻めてくるようになると神殿の国を守るために臨時に武力を使う者が出て働き始めます。そうして何回も戦争をやっているうちに、彼らは力を得てきて、神のものである土地を奪い私有地を広げていって経済力を持ち、自分の家来をつくっていって階級制をつくりというように、経済力や武力をもって支配し、やがて神殿を奪い取って自分の土地にして国をつくったのが今から四千五百年前頃からです。その頃から神を中心とした平和な社会経済体制が壊れていきます。それからどんどん壊れていって、三千五百年位前にはすっかり壊れてしまったのです。つまり四千五百年前頃からサタンの勢力が少しづつ入りかけたと、私は歴史を解釈しています。

シュメール文明の中には人間の理想の姿があったわけですが、この神殿経済組織が再興されていくのは、おそらく新地球になってからでしょう。この理想のかたちが一つのモデルとなりつつアクエリアス時代には、もっといいかたちになって復活していくのではないかと思います。

「神さまのへそくり」運動とは、このシュメール文明と同じ考えから出ているのです。すべての物は、土地もお金も神様のものだから、すべて神様にお返ししようというもので、そして神さまから分配して頂こうというのが「神さまのへそくり」運動の精神で、これはシュメールの精神なのです。要するに理想の国の姿は宇宙はすべて神さまのもの、みんなそれを分けあっていきましょうというようなかたちなのです。

大浄化の時、地縛霊が最も苦しむ

もしあと三年半手放しにしていたら必ず大浄化のための大艱難はきます。これは全人類のカルマを解消するのですから、それはもう言語に絶する惨禍です。逃げるにも逃げる所はありません。幽界まで浄化するのですから幽界にいってもものすごく苦しみます。早く死んだ方が楽だなどと思うのは大間違いです。あの世も浄化されるのですから、地獄の亡者にとって地上以上の大艱難です。迷っている亡者は沢山います。地縛霊だとか自殺霊だとか邪悪霊だとか皆大艱難です。地獄がなくなり光の世界に変わるわけですから、邪悪霊は黒いままだと太陽の熱で照射されて焼かれるようなものです。光の照射を浴びていやでもおうでも彼らは改悛しないといけないのです。だからそれは肉体を持っている者よりも苦しいというのです。

生きている者と死んだ者とでは、だいたい学習のチャンスが違います。そういう点でも死んだ人は気の毒です。霊界の方でもどうにかして向上するよう色々手を尽くすのですが、霊的真理を学び本当に獲得することは難しいわけで、肉体をもって学ぶというのが絶対条件と言っていい位なのです。だから現世に生まれてきたいという悲願をもつ霊が多いのです。しかしチャンスはなかなか与えられないのです。

ユダヤ人はなぜ堕落しないのか

ユダヤ人は決して堕落をしません。私達は酒を飲んだりフリーセックスしたりテレビ映画パチンコなどの娯楽におぼれて、すぐ堕落をしてしまいます。なぜ彼らユダヤ人は堕落しなくて我々はすぐ堕落するのかということですが、これは一つには宗教的なものの信念があるのだと思います。バイブルには神との契約というのがあって、ユダヤ人だけが神のいう通り従えばすべての世界を支配できるようなものになれる、ユダヤ人は神によって選ばれた民——選民だという神との契約があります。これをもうユダヤ人は流浪の民の間にとことん信じてしまったのです。長年月祖国を失い世界中を放浪する苦しみから、それが信念となってしまったのです。救われるためには神との契約を実現してもらうことしか方法はないし、実現すればものすごくすばらしいことになるのですから、ユダヤ人は放浪の間に、食事の祈りの度に事あるごとに子供たちに教えて代々植え込まれてきたのです。ですから日本人の新年の神参りなどとは全く違うのです。その信念がまず我々とは違うのです。

それから選民意識というのがものすごく強いです。但し今世界を支配しようとしているのはユダヤ人だけではありません。ユダヤ人ももちろん神との契約を実現しようと、世界支配をしようとしています。それはユダヤ人自身のユダヤ人のための神の国の実現を願っているのです。しかし、もう一つあるのです。ユダヤ人でない、しかし世界支配をしようとしている者たちです。これはフリーメーソンというようなかたちで、同じ信仰によって生きていて裏でユダヤ人と通じています。そしてフリーメーソンなどの裏にあるのは、カバラというユダヤ人に伝統的に流れている神秘的な教えです。これを使って世界支配をしようとしているのです。霊術というようなサイキックのエネルギーを使い黒魔術も使います。このようなカバラのもとにユダヤ人やいわゆる世界支配をもくろむ白人のエリートがいるのです。彼らは私たちのことを本当に動物だと思っています。絶対人間だとは思っていません。白人の指導者の一部は彼らはエリートであって支配者たるべき能力と運命をもっているのであって、他の人間は石ころか紙くずだと本当に思っています。これに同調する一部日本人もいます。そして彼らの一番奥ではカバラに通じており、黒魔術や心霊力を使ったりして、サタンというべきかもっと別の力というべきか……そういう力から霊示、霊感を受けながら世界の先を見通して手を打っています。ユダヤ人の中にはユダヤ人のための神の国をつくろうと思っている者もいますが、しかし私のエリートと言っている連中は、神から離れて自分たち人間の知恵と力と手で世界を支配しようとしていると私は考えています。要するに神から離れたサタンの力です。だから我々を動物にして支配しようとしているのであって、それ位実に尊大なるものすごいエリート意識なのです。世界を支配するために経済力も権力も知力も科学力も、いろんな力を使って総合的にやっていて、その根本にあるのは本当に賢いというか悪いというかサタンの霊知なのです。ですからエリートの力による世界支配というものすごい理想をもって理想に燃えていますから堕落などしません。堕落したらダメだということがよく分かっていますから、人類を手玉にとる楽しみのために、その大きな楽しみがあるのですから酒飲んだり堕落する楽しみなどちっぽけなものだと思っているのです。彼らは着々と彼らの理想を実現していています。それに踊らされているのが我々なのです。

ヒトラーは両刃の剣か

終末の最後の時にはヒトラー（ラストバタリオン）も出て来ると思います。ヒトラーは善か悪かわからないですが、しかし神は両刃の剣をお使いになるのです。サタンを切る力の剣と愛の剣です。ヒトラーはこの片刃の剣です。ヒトラーはある意味で、神の剣というより、サタンを切るもう一つのサタンの剣ともいえます。終末にはいろいろなことがあります。サタンは神とも闘うが、サタン同士も闘うということです。ともかく神は終末に、大局において、力と愛と二つの剣をふるわれます。神は両刃の剣です。しかし力の剣では、世界の本当の支配はできないので、最後は愛の剣でないといけません。だからイエスは「剣によって立つ者は剣によって滅びる」と言ったのです。これは究極の真理です。しかしイエスはまた「私は剣を投じるためにきた」とも言っています。さしずめヒトラーはその剣なのでしょう。そういういろいろなことが終末には起こってきます。ですからヒトラーは悪の顔を持った神かもしれません。(神のふりをした悪かもしれません。)しかし、もちろん神のしわざだけではありません。相手を殺したり切ったりするやり方をしますから。とにかく一つの使命に生きているわけです。だから最後はダライ・ラマが出てきて調整をしなければならないのです。これは愛による調整です。

最後はでくのぼう革命しかない

地球を救う方法はこれしかない、でくのぼう革命しかないのだということが皆にわかった時、初めて地球は救われます。まだこれでもいい、あれでもやれると思っているうちはだめです。

環境サミットも、結局アメリカはいい顔しないし南も北も足並みが揃わないしうまくいかないということに結論はなるのです。やっぱりこれでは救えない、国というものがあると各国のエゴイズムがぶつかってけんかになる、調和出来ない、それでは国をなくそう、国連で統一しようということに最後はなります。そうなると国連を牛耳るものが世界を支配する、ということになります。これは今アメリカです。日本はこれからPKOの軍隊だして、今に皆アメリカに使われます、国連の名において。そしてやがて日本は海外派兵させられます。そういう状況になって、結局何も方法はない、もうでくのぼう革命の方法しかない、想念による改革、想念だけが最高のエネルギーなのだ、その想念は日常の愛と奉仕からしかでてこないのだということが、みんなに分かった時世界は全部救われるのです。想念こそは神そのもののエネルギーです。その平和と建設と調和の想念は愛です。愛は人間の愛と奉仕の行為と言葉と想いとの三つの中からしか絶対出てこないのです。どんなにごまかしても日常の愛と奉仕をずるけてさぼっている人が何が出来ましょう。環境サミットをやろうと反原発運動をやろうと瞑想をやろうとお祈りをやろうと、絶対だめです。利き目がないのです。やっぱり日常の愛と奉仕、そこから出る想念でないと絶対だめなのです。この生き方以外に逆転の方法はない、この生き方を広めようということが最後の断末魔になる前にわかってもらえればいいのです。そうすればサタン改悛の儀式は行われます。そのためにはこの三年半の間に、こういう生き方があるのだということを耳にだけ入れておいて、十四万四千人にはわかってもらわないといけないのです。五十三億人ではなく先ず十四万四千人にわかってもらえればいいのです。

エゴイズムと結びついた自由・平等

今、裏ビデオとかそういう雑誌とかは法律の限界すれすれまでうまくやっているので、警察でとりしまることは出来ない状況です。法律を作っているのは国会ですが、それでは政治家がだめなのかというと、もちろんよくはないですが、そういうふうに悪い裏ビデオなどを氾濫させているのは世論なのです。そういうものをとりしまろうという声が出ると、反対に表現の自由だと言って作家や芸術家の中にムキになって反対する人がでてきます。作家や芸術家の皆が皆反対しているわけではありませんが、今では表現の自由などと言うと通用する理論なのです。なぜ通用するのかというと、シオンの議定書にあるように、自由平等という主義はすばらしいものだと世界中に流したのです。だから自由はいいことだ、必要悪位いいじゃないかというのが正論として出てくるのです。そうやって法律も甘くなりっぱなしになって、そうやって民族は堕落していくのです。

しかしそういうものがやっぱり自分たち自身をほろぼしていくのだと、表現の自由だとか言っている芸術家であるあなた自身をほろぼしているのです、地球ごとあなたのお子さんもだめにしている、殺しているのですということをわかってもらわないといけないのです。これをわかってもらうためには、そういう想念というものは生きものなのだということ、それが人間も世界も破壊していくのだということが真理として認められていく時代にならないと、なかなか通用しないのです。

自由平等は、もちろん神の目から正しいことです。神の目から見ればすべて自由でなければいけないし平等でなければいけません。但しこれが恐ろしい人類堕落の武器になるのです。エゴイズム（利己主義）というものが認められている限り、自由平等は逆に強い者勝ちのめちゃくちゃな世の中にしていくのです。堕落の世の中にもしていくのです。それはエゴイズムの根源に悪があるからです。ですからエゴイズムはだめだ、世界も自分も滅ぼしすべての人を不幸にし破壊するのだというエゴイズムの想念がわからないといけないのです。それには想念は生きもの、物質以外の生きものがある、それが動かしているということを知ることです。ですからこれはなかなか奥深いものなのです。

SPIRITUAL COMMONSENSE

地球を救う霊的常識 2　目次

桑原啓善講話シリーズ・他

でくのぼう出版刊

1 人は永遠の生命

死と死後の世界、霊魂の働きがいかに人間の運命と深くかかわっているかを優しく解説したネオ・スピリチュアリズム入門。神を求める人、人生の道を模索する人に最適。

桑原啓善 著　1320円（税込）

2 神の発見

近代心霊研究は神界の計画として、心霊研究の歩みを平明に伝える。さらに霊的に見た人間の構造の解明と人間内在の神の発見に至る。ネオ・スピリチュアリズムへの基礎講話集。

桑原啓善 著　1257円（税込）

3 人は神

人は霊（神性）なら人生の真の目的は何か。人間はどうしたら神に結びつくのか。人間は肉の衣を着けた神である。人間の深淵とネオ・スピリチュアリズムの神髄を説く。

桑原啓善 著　1320円（税込）

4 愛で世界が変わる

1幸福は物質から得られる、2安全は武器で守られる、3神は外にいる、この三大迷信が文明を作り破滅に導く。終末的現代をこえて平和で幸福な新時代を迎えるための必読書。

桑原啓善 著　1650円（税込）

5 デクノボーの革命

愛の霊性時代は日本の庶民が愛と奉仕の生活原理に生き始める時に開かれる。今こそ「みんなの、みんなによる、みんなのための」庶民革命の新時代へ。講話集の第五弾。

桑原啓善 著　1650円（税込）

6 シルバー・バーチ霊言集

日本に初めてシルバー・バーチを翻訳紹介した心霊研究の第一人者であり詩人でもある桑原啓善による不朽の名訳。新時代を拓く霊界通信のロングセラー。

桑原啓善訳／A・W・オースティン編　1540円（税込）

7 シルバー・バーチに聞く

シルバー・バーチの珠玉の言葉を選りぬき、バーチ研究40年の編者がこれに［注］を付し、宇宙と人生の深奥に迫る。「21世紀のバイブル」シルバー・バーチがこれで解る。

桑原啓善 編著

1068円（税込）

8 ホワイト・イーグル霊言集

日本で初めて翻訳紹介した桑原啓善によるホワイト・イーグルの代表的初期三部作。聖ヨハネであったというホワイト・イーグルの珠玉の言葉を詩人が綴る叡智の書。

グレース・クック著／桑原啓善 訳

1320円（税込）

9 霊性進化の道

霊媒グレース・クックが編纂《さん》したホワイト・イーグルの霊示集の中で核心となるのが本書。「霊性進化」の道を伝えるイーグルの教えは、ここに集約されている。

グレース・クック著／桑原啓善 訳

1320円（税込）

10 ジュリアの音信（新書判）

世界中で翻訳された有名な霊界通信。霊媒は優れた英国のジャーナリスト、ステッド。死後間もないジュリアが死の直後や死後の世界の様子を語り、熱く愛を訴える。

W・T・ステッド著／桑原啓善 抄訳

1100円（税込）

11 ワードの「死後の世界」

死後の世界は宗教や絵空事ではない。実在する人物が地獄のどん底まで落ちて這い上がった霊界通信。『ジュリアの音信』と共に万人が読むべき情報記録。イラスト多数。

桑原啓善 編著／J・S・M・ワード原著／浅野和三郎 原訳

1320円（税込）

12 宮沢賢治の霊の世界

賢治には目に見えない世界（霊的世界）が見えた。人類史五千年の迷いを法華経の菩薩行で解消しようとした宮沢賢治の本心に迫る、桑原啓善の賢治論の集大成。

桑原 啓善 著

2724円（税込）

プロフィール

桑原《くわはら》　啓善《ひろよし》　ペンネーム　山波言太郎

(1921 － 2013)

詩人、心霊研究家。慶應義塾大学経済学部卒、同旧制大学院で経済史専攻。不可知論者であった学生時代に、心霊研究の迷信を叩こうとして心霊研究に入り、逆にその正しさを知ってスピリチュアリストになる。浅野和三郎氏が創立した「心霊科学研究会」、その後継者 脇長生氏の門で心霊研究 30 年。

1943 年、学徒出陣で海軍に入り特攻基地で戦争体験。1982 ～ 1984 年、たった一人の平和運動（全国各地で自作詩朗読と講演）を行う。1985 年「生命の樹」を創立してネオ・スピリチュアリズムを唱導し、でくのぼう革命を遂行。地球の恒久平和活動に入る。1998 年「リラ自然音楽研究所」設立。すべての活動を集約し 2012 年「一般財団法人 山波言太郎総合文化財団」を設立。

訳書『シルバー・バーチ霊言集』『ホワイト・イーグル霊言集』『霊の書』上中下巻、『続・霊訓』『近代スピリチュアリズム百年史』他。著書『人は永遠の生命』『宮沢賢治の霊の世界』『音楽進化論』『人類の最大犯罪は戦争』『日本の言霊が、地球を救う』他。詩集『水晶宮』『同年の兵士達へ』『一九九九年のために』『アオミサスロキシン』他。

地球を救う霊的常識1

一九九五年 七月二〇日 初版 第一刷 発行
二〇二五年 二月十五日 新装版 第一刷 発行

著　者 桑原 啓善

装　幀 熊谷淑德
発行者 山波言太郎総合文化財団
発行所 でくのぼう出版
神奈川県鎌倉市由比ガ浜 四―四―一一
TEL 〇四六七―二五―七七〇七
ホームページ https://yamanami-zaidan.jp/dekunobou
発売元 星雲社（共同出版社・流通責任出版社）
東京都文京区水道 一―三―三〇
TEL 〇三―三八六八―三二七五
印刷所 シナノ パブリッシング プレス

ISBN978-4-434-35528-8